漫画小学生心理素质训练营

积极心态

提升自我复原力的
56个练习

[日]上岛博 著 黄少安 译

化学工业出版社
·北京·

内 容 简 介

本书探索了儿童如何通过培养自我复原力来面对生活中的挑战。全书分为两章。第1章详述了自我复原力的概念，探讨了如何从逆境中恢复并在困难中成长，讨论了身体健康与心理韧性的联系，着重强调了积极心态和自我效能感的重要性。第2章通过具体练习帮助读者提升自我复原力，涵盖自我表达、人际交往、压力管理等，旨在培养儿童积极建立人际关系和有效应对挑战的能力。练习部分设计简单，既适合孩子独立完成，也适合他们与同学或朋友等共同完成。

本书旨在激发孩子的内在力量，鼓励孩子积极面对生活中的各种挑战。

IRASUTOBAN KODOMONO RESILIENCE—GENKI·SHINAYAKA·HEKOTARENAI KOKORO WO
SODATERU TERU 56 NO TRAINING by Hiroshi Uejima

Copyright © Hiroshi Uejima, 2016

All rights reserved.

Original Japanese edition published by GODO-SHUPPAN Co., Ltd.

Simplified Chinese translation copyright © 2022 by Chemical Industry Press

This Traditional Chinese edition published by arrangement with GODO-SHUPPAN Co., Ltd., Tokyo,
through Office Sakai and Beijing Kareka Consultation Center，Beijing

本书中文简体字版由 GODO-SHUPPAN Co., Ltd.. 授权化学工业出版社独家出版发行。

本书仅限在中国内地（大陆）销售，不得销往中国香港、澳门和台湾地区。未经许可，不得以任何方式复制或抄袭本书的任何部分，违者必究。

北京市版权局著作权合同登记号：01-2024-3730

图书在版编目（CIP）数据

积极心态：提升自我复原力的 56 个练习 /（日）上岛博著；黄少安译 . —北京：化学
工业出版社，2024.7
（漫画小学生心理素质训练营）
ISBN 978-7-122-45700-4

Ⅰ . ①积… Ⅱ . ①上… ②黄… Ⅲ . ①心理健康—健康教育—少儿读物 Ⅳ . ① G444-49

中国国家版本馆 CIP 数据核字（2024）第 102489 号

责任编辑：马冰初 　　　　　　　　　　 文字编辑：李锦侠
责任校对：李露洁 　　　　　　　　　　 装帧设计：盟诺文化

出版发行：化学工业出版社（北京市东城区青年湖南街13号　邮政编码100011）
印　　装：北京新华印刷有限公司
787mm×1092mm 1/16　印张7¾　字数300千字　2025年1月北京第1版第1次印刷

购书咨询：010-64518888 　　　　　　　 售后服务：010-64518899
网　　址：http://www.cip.com.cn

凡购买本书，如有缺损质量问题，本社销售中心负责调换。

定　　价：49.80元　　　　　　　　　　　　　　　　　　 版权所有　违者必究

致亲爱的读者们

你读过《安妮的绿色小屋》吗？

主人公安妮出生后的第三个月，父母便离开了人世。安妮成了孤儿，从小先后在孤儿院及养父母家里长大。贫苦的生活、没有父母陪伴的孤独、繁重的家务……她成长的过程中经历了重重苦难。故事的开端是卡斯巴德家中想要领养一个男孩来帮忙务农，但领养中心却误送了一个女孩给他们，这个女孩就是安妮。安妮最终还是住了下来，故事从此展开。

在这样的收养家庭里，安妮的辛苦可想而知，但她并没有成为一个怨天尤人、消极颓废的孩子。她喜欢与人聊天、喜欢独自想象，性格开朗极了。她还懂得生活中的许多智慧，对一切抱有感恩之心。也正是因为如此，安妮的故事被全世界的孩子所喜爱，至今广为流传。

像安妮这样的孩子，是不是只存在于美好的故事中呢？其实不然，在这个世界上，有许许多多的孩子背负着各种苦难，但仍然顽强地生活。其中，有些孩子遭遇了战争、严重的自然灾害、极度贫困等巨大的困难，但仍对生活报以微笑。这是因为这些孩子都拥有一种强大的心灵力量——自我复原力。

事实上，我们每个人都拥有自我复原力。没错，你也拥有。而且，自我复原力可以通过练习去提升。

本书将为大家介绍许许多多提升自我复原力的方法。每一个实践起来都不算困难，有些可以自己一个人完成，有些可以和朋友、同学一起完成。每次做完一个练习，我们都能发现一个新的自己。

通过阅读本书，唤醒你心底沉睡的力量，去讲述属于你的精彩的人生故事吧。

儿童复原力研究会代表

上岛博

目录

第1章　帮助自我复原的力量

第 1 章

帮助自我复原的力量

1 什么是复原力

当我们经历失败、遭遇事故与灾害，或是与亲人朋友分离时，我们会特别沮丧、绝望。有时甚至觉得自己再也无法重新振作起来。但实际上，随着时间的流逝，我们心中的伤痛会一点一点地愈合，我们也会逐渐振作起来。这就是我们所拥有的复原力——从消沉绝望中重新振作起来的能力。

所谓复原力，原意是指金属板等物体弯曲后恢复成原状的力量。在脑海中试着想象，一块有弹性的金属板被折弯后又恢复成原状的样子。这种物体所具有的弹力，就相当于我们内心的恢复力，在这里我们称之为"复原力"。

形形色色的复原力

●在逆境中顽强生活的孩子们

在这个世界上，有许多孩子出生、成长在极为恶劣的环境中，他们或历经贫困，或遭受虐待，有的甚至生活在战火的硝烟中。受到这些环境的影响，他们中的有些孩子身心发育得不健全，导致可能出现不良行为。但也有不少孩子，哪怕是在如此恶劣的环境中，也能健康长大，成为一个诚实、积极的人。这些孩子身上所具备的强大力量就是复原力。

●从灾害中重新振作起来的人们

当一个城市突然遭遇地震等大型自然灾害时，一时间几乎所有的人都会陷入绝望的深渊。有些人因为过度悲伤，会失去力气，紧闭心门。但更多的人会逐渐地振作起来，重建家园，一步一步朝着更好的明天走去。这也是因为这些人拥有内心的恢复力——复原力。

●克服压力的人们

哪怕发生令自己讨厌的事情，随着时间的流逝，我们也能逐渐淡忘这份不好的回忆。无论是学习、练习还是工作，做任何需要努力的事情时，都必须要有忍耐力。这也是复原力的一种。

写给大人的话 并不是说比起顺境，让孩子体验更多的困难［斯巴达教育（Education in Ancient Sparta）］就能培养孩子的复原力。相反，复原力在安心、安全的环境下，在与人的交往中，在轻松自在的学习过程中才能得到更好的培养。

历经磨难方能成长

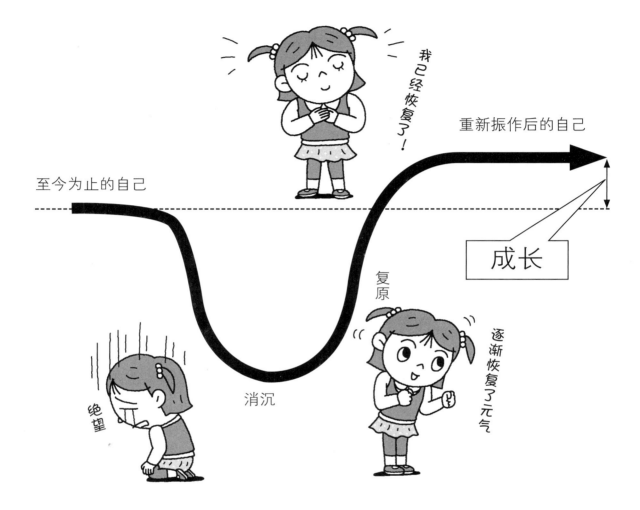

我们不只拥有从消极绝望中振作起来、恢复到原本状态的能力，通过这段经历，我们还能获得个人成长。或许失去的东西不会再回来，悲伤的情绪也不会那么轻易地被抹去。但是，铭刻在心底的痛苦记忆，会让我们更懂得珍惜生命，对曾经帮助过我们的人的那份感恩，会成为我们对待他人时的温柔。这一连串的经历，会转变成我们重新出发的勇气与信心。我们的复原力会因此得以提升。

回想

你是否也有过克服困难与压力，然后收获成长的经历？回想之后将它们写下来吧。

_____

_____

_____

_____

_____

_____

从格言中感悟

人们常说"失败乃成功之母"，意思是"哪怕失败，只要进行反思，改变方法再次尝试，就一定会收获成功"。你有没有过失败后通过改变方法获得成功的经历呢？回想之后将它们写下来吧。

_____

_____

_____

_____

_____

_____

写给大人的话 在经历了可能导致创伤后应激障碍的重大苦难后，有一部分人也可能会获得积极的个人成长。这种成长被称作"创伤后成长"。在遭遇了给身心都带来强大负担的创伤后，个体有可能发展出比原先更高的适应水平、更强的心理功能和生命意识。

3 "健康""坚韧""不气馁"

复原力，与其说是"大脑中的一股特殊力量"，倒不如说是各种各样心灵力量的集合。

比如，喜欢自己的人通常具有更高的复原力。因为只要自己喜欢自己，哪怕遇到困难，也不会过分地苛责自己或归咎于他人，而是会想着"算了，就这样吧"。喜欢自己的这种情感又被称作"自尊心"。

帮助自我复原的力量，除了自尊心以外，还有很多很多。不仅包含个人的能力，还包含与周围人的关系。总而言之，复原力是为了让我们生活得更好的一种"综合能力"。在本书中，我们将从"健康""坚韧""不气馁"这三个方面去对其进行学习。

帮助自我复原的三种力量

① 健康：身心健康，生活积极阳光的心之力量

健康的身体·生活习惯	调整好身体状态与生活习惯，心态也会变得健康
阳光的心态·幽默	笑容和积极阳光的心态会带来幸福
自信	认识到"我可以""我知道""我的存在对他人有帮助"
自尊心	感受到"喜欢自己""自己很重要"
忍耐力	拥有忍耐的能力与坚持不懈的强大内心
沉着冷静	能够很好地控制自己的愤怒与不安
丰富的直接体验（勇于尝试）	有"什么都去看一看""凡事都去试一试"的心态

② 坚韧：经历大风大浪也不屈服的、柔软坚韧的心之力量

乐观·积极正面的思考方法	认为"车到山前必有路""向前看、向前进"
灵活性	灵活应对变化，接受一切不确定性
自主性	自己的行动自己决定
懂得感恩	懂得感恩，才能感到幸福
表达能力	能够很好地表达自己的情绪和想法
交际能力	重视与人交往，知道与人商谈，懂得及时求助
压力应对技巧	能够将压力转化为动力

③ 不气馁：遇到困难哪怕一时失落也有重振旗鼓的心之力量

有重新出发的勇气与信心	相信自己的复原力，相信未来
有梦想和目标	拥有灿烂的梦想与令人心潮澎湃的目标
有道德信念与信仰	具有作为人的对待重要事物的信念
有强烈的生存意志	认识到生命的可贵，懂得探索生命的意义

写给大人的话 亲子关系、学校与社会、朋友关系等一切周围环境都能对孩子的复原力造成影响。本书以孩子自身所能做的为前提，因此没有直接涉及环境因素。但出于对养成孩子对于人际关系的看法、培养孩子人际交往能力的考虑，本书也在考虑到环境因素的基础上设计了一些练习。

4 身体健康，心情更愉快

给自己打打分吧！
你的身体健康吗？

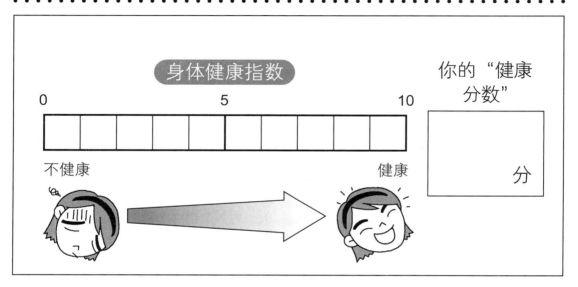

身体健康指数

你的"健康分数"

0　　　　　　5　　　　　　10

不健康　　　　　　　　　健康

分

身体健康，心情才能愉快。当身体感到疲惫时，人也一定无精打采。如果保持积极愉悦的心情，生病也能更快康复，如果总是忧心忡忡，身体也会跟着不舒服。

虽然我们不能轻易地改变或控制我们的心情和情绪，但是身体的状态是我们能管理或改变的。当我们感到沮丧失落时，受伤的心灵暂且先放在一边，从调整身体状态开始吧。

保持身体健康的基本要素是好好饮食、好好运动、好好睡觉。你是否做到了早睡早起、保持良好的生活节奏与作息，一整天都精力充沛呢？你是否做到了不偏食、不挑食，均衡摄取各种营养呢？你是否每天坚持运动和锻炼呢？或许你现在无法一下子完成上述所有要求，但哪怕能改善其中一点，你也一定会变得更加健康有活力。

保持身体健康的诀窍

身心状态	改善方案	
日常学习加课外特长培训，每天从早到晚都很忙，身体和心理都疲惫不堪。似乎没有一点儿活力与干劲。	泡个澡让身体暖和起来。身体的疲劳得到缓解，精神状态也会焕然一新。	
遇到了不好的事情，失去干劲，将自己关在房间里，沉迷于游戏。	做做体操，跑跑步……让身体动起来吧。血液循环变好以后，心态也会更加积极。	
晚上无法很快入睡，所以看电视、看漫画书到很晚。于是第二天早上又起不来，导致上课迟到。	恢复早睡早起有规律的生活吧。当每天的生活变得安稳有规律后，人的情绪也会稳定且健康。	

练习 想一想你的"健康分数"的提升方法吧

　　自己想出来的方法才是最适合自己的好方法，因为自己想出来的方法更能长期坚持下去。如果你给自己打的健康分数已经是 10 分了，就想一想有没有能够给朋友们提出的关于提升"健康分数"的建议吧。

身心状态	改善方案

写给大人的话 　当孩子进入第二性征时期后，有些孩子会因为自己身体和心理的变化而感到烦恼。这一时期，请充分地给孩子讲述关于人的成长的相关知识，让孩子能够身心健康地度过这一时期。

5 保持笑容和积极阳光的心态

给自己打打分吧！

你是否在用积极阳光的心态迎接着每一天的生活？

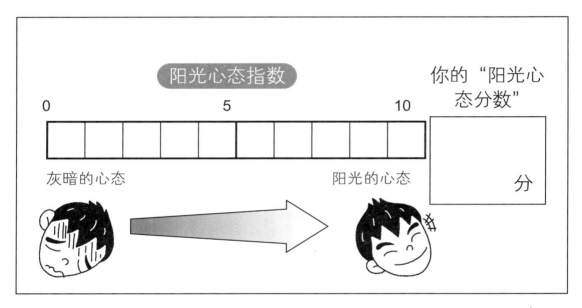

有句谚语这样说道："笑口常开福自来。"它的意思是，一个欢笑声不断的家庭里，幸福一定会找上门来。当人们生病时，如果用积极阳光的心态去面对，身体就能更快地康复。当人们遇到困难时，用积极阳光的心态去接受挑战，也能更好地渡过难关。

有的人生来性格阳光开朗，有的人则性格成熟稳重。但是，"积极阳光的心态"和与生俱来的性格不同，它是指在日常生活中对细微的小事都能感到喜悦，能够游刃有余地去生活的态度。因此，通过努力改变我们看待事物的感受和生活方式，无论是谁，都能拥有"积极阳光的心态"。

但当我们感到十分悲伤与孤独时，则没有必要强行让自己保持积极阳光的心态。坦诚面对并珍视我们最真实的感受吧！

保持"积极阳光心态"的诀窍

（1）有一项兴趣爱好

当你有一项社团活动或者兴趣特长的时候，哪怕遇到烦心的事情，你也能更轻松地忘掉它。如果学习一门特长很辛苦，那么找到一个自己的爱好，尽情地去享受它吧。

（2）大声问好

早上好！

早上，当你还觉得很困的时候，大声说一句"早上好"会让你的身体一点点地苏醒过来。见到朋友时笑脸盈盈地问候一句"早上好"，你和朋友心里都会觉得暖洋洋的。

练习 *想一想你的"阳光心态分数"的提升方法吧*

_____

_____

_____

写给大人的话 如果大人也能够时刻保持笑容，为孩子创造一个阳光、快乐的学习环境与家庭氛围，同样能够更好地培养孩子的复原力。

6 "我可以" "我知道" "我的存在对他人有帮助"

给自己打打分吧！
你对自己是否有自信呢?

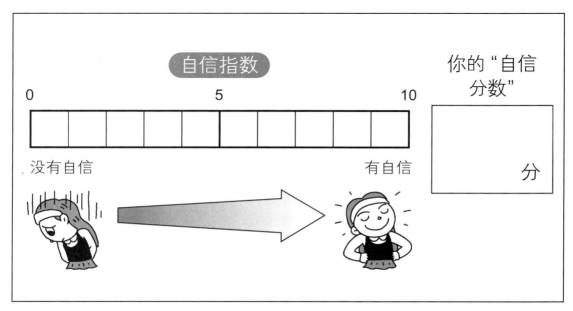

自信指数

| 0 | | | | | 5 | | | | | 10 |

没有自信 　　　　　　　　　　　　　　　有自信

你的"自信分数"

分

　　尝试了却没能做到，最后不得不放弃，这样的事情如果多经历几次，就会开始出现"反正我这样的人做什么都不行"这种想法，越来越觉得自己是个没用的人。当这种无力感越来越强烈时，哪怕很简单的事情，也会从一开始就觉得自己"做不到"。

　　相反，如果有了好几次一做就成功的经历，就会觉得原来自己能做许许多多的事情。这种心态就叫作"自信"。当一个人有了自信，哪怕遇到很难的事情，也会认为只要自己足够努力，就很有可能成功。

　　和他人做比较，发现你做得比他人好，也能激发一个人的自信。可一旦出现比你做得还要好的人，这种自信就会丧失。因此，通过自己的努力完成一件事情或达到一个目标，这种经历所带来的自信才坚不可摧。

拥有自信的诀窍

（1）制定稍稍努力便可能达成的小目标

能够连续做
50 次两连跳

不行了，我只能连续做 8 次。

目标是连续做 10 次！

太好了！我终于做到了！下次要连续做 20 次！

　　如果一开始就制定过高的目标，然后总是达不到，那么最后则不得不放弃。这时，失败感会愈加强烈，人也会渐渐地感到无力。

（2）将成果展示给能够表扬你的人

妈妈！这是我努力画的画！

哇！画得真棒呀！

　　当目标达成以后，找一个能够表扬你的家人或朋友，将你的成果展示给他看。人受到表扬后，自信也会大增。

练习 *想一想你的"自信分数"的提升方法吧*

_____

_____

_____

写给大人的话　如果心里并没有真的觉得厉害，只是嘴巴上的表扬，那么孩子是能够看穿的。因此，哪怕只有简短的话语也可以，请真心地去赞扬孩子吧。哪怕只是很小的一件事情，若孩子努力去做了、稍见成果了，不要忽视它们，立刻去赞扬孩子吧！

7 喜欢自己

给自己打打分吧!

你是否喜欢自己呢?

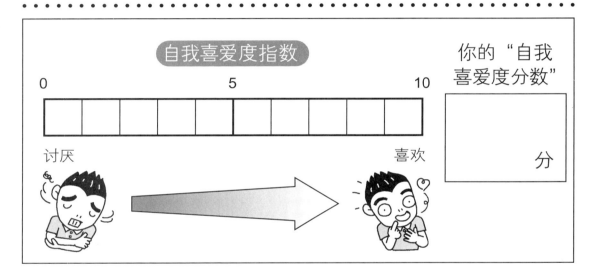

自我喜爱度指数

| 0 | 5 | 10 |

讨厌 → 喜欢

你的"自我喜爱度分数"

分

"喜欢自己"的这种情感又叫作自尊心。自尊心包含以下几个方面。

● 知道自己"我可以""我知道""我的存在对他人有帮助"(自信、自我效能感)

● 知道自己有何优点和长处(积极的自我认知)

● 接受自己原本的样子(自我肯定)

自尊心强的人不仅懂得尊重自己,也懂得尊重他人。自尊心强的人,不仅喜欢自己,也更加喜欢他人、爱屋及乌。自尊心强的人,哪怕遇到困难被打倒,也能重新站起来。

但另一方面,无法喜欢上自己的人,往往对自己有着极高的标准和要求。"严格要求自己"也是一种重要的心态。它决定了一个人是否有"上进心"。因此,哪怕有讨厌自己的想法也并非不可。但这样会让你感到很辛苦,所以尽可能地去发现自己的优点,哪怕一点点也好,去喜欢上自己吧。

喜欢上自己的诀窍

（1）和他人一起做同一件事

真漂亮呀！

真漂亮呀！

和朋友一起出去玩儿吧。和家人一起看看电视吧。和老师一起说说话吧。和他人看着同样的景色、做着同样的事情、有着同样的感受，你会觉得安心，觉得自己这样就很好。不断积攒这样的体验，你会自然而然地喜欢上自己。

（2）增加自己喜欢的东西

这个也喜欢，那个也喜欢！

即使是不喜欢自己的人，也能够喜欢上其他的人和物。家人、朋友、电视上的名人、历史上的英雄、兴趣爱好、书、季节、景色等，尽可能多地去增加自己喜欢的东西吧。当你感到你身边都是自己喜欢的东西时，也就能自然地喜欢上自己了。

练习 想一想你的"自我喜爱度"的提升方法吧

_____

_____

_____

写给大人的话 请用满满的爱意去包裹孩子。哪怕是没有安全感的孩子，也能通过与周围大人的交往，逐渐培养出自尊心。

凡事都勇敢尝试

给自己打打分吧！

你是否总是会想"凡事都去实际尝试一下"？

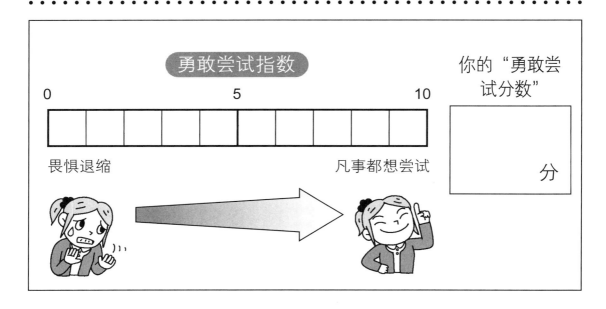

勇敢尝试指数

0   5   10

你的"勇敢尝试分数"

畏惧退缩   凡事都想尝试

分

不仅靠大脑去想，还要活动身体去实际体验，这样一来大脑与身体都能保持灵活。这些经验会成为你知识和智慧的"内核"。有了"内核"，就能拥有自己的想法。通过去了解形形色色的世界，你的心会变得更加宽广。

引导你去进行这些体验的，便是好奇心。想去实际看一看、想去实际做一做，这种心情就是好奇心。

电子游戏和网络在一定程度上也能满足我们的好奇心。但在实际生活感受还不足的孩童时代，如果过分沉溺于电子游戏的世界，有时可能会难以区分虚拟世界与现实世界。电子游戏虽然有趣，但不要只顾着玩电子游戏，也去努力充实自己的现实生活吧。

丰富自己体验的诀窍

（1）帮助做家务

　　家务，如果想着是大人逼你做的，就会觉得很麻烦。但如果把它当作丰富自己体验的机会，就会充满动力。如果用心去思考属于自己的"能够将家务做得更好的方法"，不仅家人会感到高兴，自己也能收获充实感，可以说是一举两得。

（2）挑战各种不同的游戏

　　大自然中充满着各种不可思议的事情。不要只玩电子游戏或者上网，也去现实世界中大显身手吧。哪怕只是拿着放大镜去观察在地面上爬行的小虫，你都会有许许多多意想不到的有趣收获。

练习 *想一想你的"勇敢尝试分数"的提升方法吧*

_____

_____

_____

写给大人的话 在学校，理科课程（生物、物理、化学等）、社会课程，以及一些综合学习时间，都可以提供机会让孩子去丰富自己的体验。学习不只是趴在课桌前，使用五感去切身体验更能提升孩子的复原力。

9 一定会顺利的

给自己打打分吧！

你是否总是想着"一定会顺利的"？

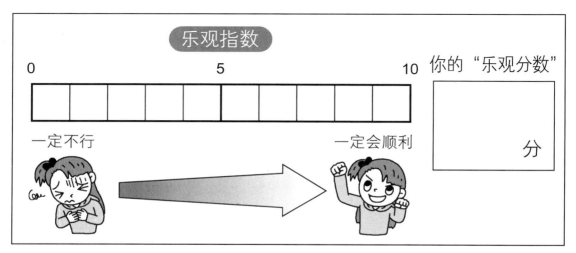

所谓乐观主义，是指对未来充满信心与希望，认为"凡事一定会顺利的"。相反，悲观主义则是指总会预想不好的结果，认为"这事一定不行"。乐观主义者，遇到困难时会想着"办法总比困难多"，然后去勇敢地克服它。而悲观主义者，会事先想到最不好的结果并未雨绸缪，做好应对不好结果的准备。这两者都是很重要的看待问题的方式。

现在的问题是，这两者中某一种心态过于强烈。比如过于乐观，则会想着哪怕不努力，也能"船到桥头自然直"，因此偷懒懈怠。另外，在发生灾害时，哪怕警报声响起，过于乐观的人也会想着"没关系，一定会没事的"，于是过于轻视灾难的严重性，更容易遭遇伤害。相反，如果过于悲观，则会认为自己一定不行，然后从一开始就放弃；或者因为总是挂念着不好的事情，导致心绪难安，情绪沮丧失落。

当我们沮丧失落想要重新振作起来时，试试努力让自己变得乐观吧。

变得乐观的诀窍

（1）"尽人事，听天命"

写出自己现在力所能及的事情，将它们全部做完。接下来，只需要去安心等待结果，去想"总会顺利的"！

（2）"车到山前必有路"的魔力

掌握这些能够让心情变轻松的奇妙"口诀"，在感到不安和有压力时，在心中默念它们吧。

练习 想一想你的"乐观分数"的提升方法吧

_____

_____

_____

写给大人的话 发生重大灾害时，不以为然，毫无根据地认为"没有关系"，这种思维被称作"正常化偏误"。大人有必要指导孩子，要乐观但不要盲目乐观，适度的悲观和忧虑也是十分重要的心态。

10 提升自我归因能力

给自己打打分吧！

当你遇到不好的事情时，你是会"怪别人"还是会"怪自己"？

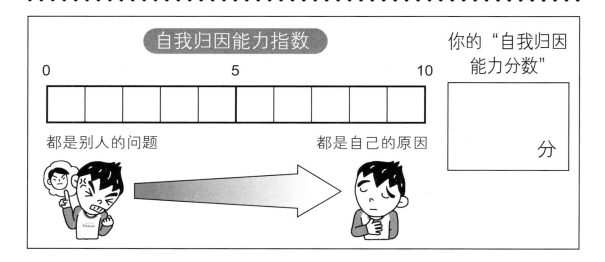

自我归因能力指数

0　　　　　　5　　　　　　10

都是别人的问题　　　　　　　都是自己的原因

你的"自我归因能力分数"

分

当你遇到难题或事情进展不顺利时

● 自己思考并决定该如何去做

● 不怪罪于他人

● 不单单只是抱怨，能够靠自己的能力开辟未来

这样的人，便是自我归因能力强的人。

一个人如果总是在别人身上找原因，就很难有前进的欲望和意志。因为我们很难去改变别人。另外，总是纠结于过去，过分后悔、不甘，也无济于事。因为过去已经发生的事情，我们也无法改变。

自我归因能力强的人，会想着"自己已经竭尽全力了，只要坚持努力，下次说不定就能成功了"，然后会带着希望和信心，向着未来前行。

"我无法改变他人和过去，但我能改变自己和未来。"

提高"自我归因能力"的诀窍

（1）坚决不说"都怪××"

"都怪××才搞成现在这样！"你是否常常这样说呢？如果是，请在纸上写出"从今往后坚决不说'都怪××'"。如果能够做到，就会开始一点点地思考是不是有什么自己能做的事情呢？这就是"自我归因能力"的萌芽。

（2）制订自己的计划

无论是活动还是与朋友的约定，制订自己的计划，并亲手写在日历或手账本上吧。哪怕只是这样一个小举动，也能提升你的自我归因能力。因为你会觉得是在自己控制自己的时间和行动。准备一个留有空白可以写字的日历，将它放在你方便看见的地方，就这样简单。

练习 **想一想你的"自我归因能力分数"的提升方法吧**

_____

_____

_____

写给大人的话 也有一部分孩子，每当发生不好的事情时，只会一味地责备自己。因为这类孩子通常温柔善良且有责任心。但是，责备已经无法改变的"过去的自己"，和责备他人相似。如果遭遇失败，去思考今后应该如何去做才是"自我归因"真正的核心所在。

11 与人交往

给自己打打分吧！

你身边是否有很多可以与之商量、能够帮助你、给你建议的人呢？

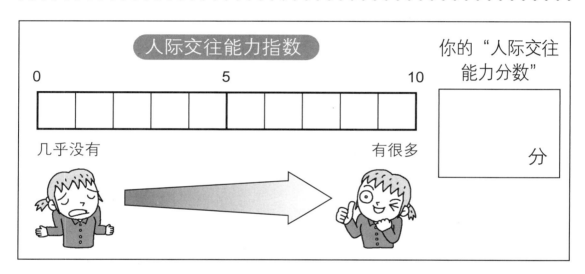

- 和任何人都能沟通、交流

- 遇到困难时可以找到很多人商量

- 有一群志同道合的朋友

这样的人可以被看作是人际交往能力强的人。

当然，与人交往中不可能全都是令人高兴的事情。我们可能会和曾经要好的朋友闹矛盾、被他人欺负、被家人喋喋不休地批评、和学校的老师无论如何也合不来……与人交往的过程中，很多时候也会让我们感到悲伤、愤怒、有压力。

但我们绝不是一个人在孤军奋战。通过与人交往，我们的人生能够得以丰富。与人交往的能力，是生存力，也是形成复原力的重要元素。

提升人际交往能力的诀窍

（1）和各种各样的人一起活动

总是和固定的几个人组成的团体一起玩，虽然心情会更加放松，但人际关系却无法拓展。并且可能产生和其他团体对立、团体之间出现矛盾等问题。鼓起勇气和平时没怎么说过话的人打个招呼，邀请他一起去活动吧！

（2）找大人商量

遇到学习上不懂的问题，或者生活中的烦恼，不要犹豫，去找老师和家人这些身边的大人商量吧。不只是班主任，任何你觉得似乎更易交流的任课老师、医务室老师、学校前辈、家里的长辈等都可以，值得你信赖的人其实有很多很多。

练习 **想一想你的"人际交往能力分数"的提升方法吧**

_____

_____

_____

写给大人的话 在社交软件等网络社交媒体上也可以与人交往。但网络上同时还存在一些偏离现实世界的有害信息，甚至可能会让人卷入犯罪之中。因此，大人必须要对孩子进行互联网的危害性以及网络道德规范的相关教育指导。

12 富有同理心的自我主张

给自己打打分吧！

你是否能够很好地将自己的想法传达给他人？

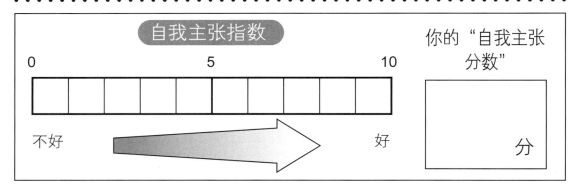

你是否能够很好地顾及到他人的情绪？

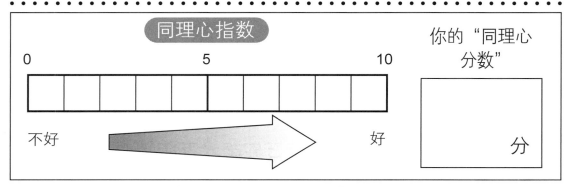

交流是指相互间将彼此的心情和想法传达给对方。与人交流沟通的能力，在现代社会生活中不可或缺。

如果丝毫不考虑对方的情绪，一味地用抱怨或命令的语气，带有攻击性地去表达自我主张，则可能导致争吵，招人厌烦。但如果过于考虑对方的情绪，自己想说的话也憋在心里不说，久而久之则会形成压力。学会将自己的心情和想法，用"适当的表达"传达给对方，对于我们每一个人来说都十分重要。平衡好自我主张与同理心（考虑他人情绪）的关系，掌握"富有同理心的自我主张"是我们人生的必修课。

提升"富有同理心的自我主张"的诀窍

（1）礼貌且清楚地表达真实情况

今晚放学来我家玩吗？

对不起呀，我特别想去，但是今天晚上有钢琴课，所以去不了。

尽可能地用礼貌的语言表达，表达的内容一定要清楚明了。另外，一定不要撒谎哦。因为一旦撒了第一个谎，后续就需要撒更多的谎去圆它。

（2）用"以我为主语的表达方式"传达心情

听到这样的话，我会很难过的。

如果事情是这样的话，我会很难办的。

如果总是说对方怎样怎样不好，对方的情绪就会变得很糟糕。但如果用"我觉得……""我会……"这样以"我"为主语的句式进行表达，对方则会安静地听完我们讲话。

练习 看一看你的"自我主张分数"与"同理心分数"哪一项更低，想一想它的提升方法吧

_____

_____

_____

写给大人的话 有时候无论你怎样富有同理心、怎样为对方考虑，对方都有可能感受不到，这也是没有办法的事情。但更多情况下，你对他人真心相待，他人也会对你真心相待。

13 提升忍耐力

给自己打打分吧！
你善于忍耐吗？

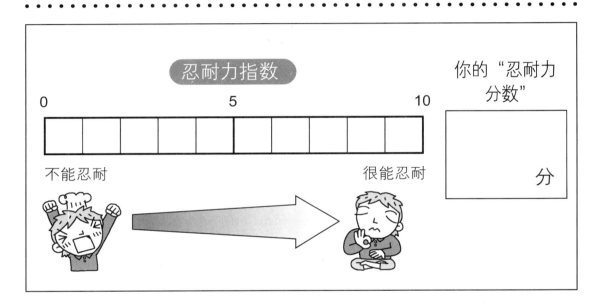

在你的日常生活中，有多少事情是需要去忍耐的呢？如果有人至今为止没有遇到过什么需要自己忍耐的事情，那么可能需要稍加注意了。因为在你接下来的人生中，会有很多无论如何你都必须去忍耐的事情。现在的你，可能尚未具备忍耐它们的能力。

但是没关系，忍耐力是能够自己去锻炼提升的。因为他人的原因，自己被迫忍耐，无论是谁都会相当痛苦。但如果把它想成是自己内心的历练，就会干劲十足。

不想忍耐则意味着"随心所欲"，遵照自己的"欲望"去生活。通过忍耐力的训练，能让被欲望蒙蔽的心重新回归正常。不仅是忍耐力，自信心、自我归因能力等各种各样的内在能力都能因此得以提升。

提升忍耐力的诀窍

（1）吃点心前的忍耐训练

从学校回到家，先不要吃家里已经准备好的零食。在那之前，先把作业做完吧！将点心作为努力做完作业后给自己的奖励，吃起来会比平时更加美味哦。

（2）养成运动的习惯

加入过运动社团的人，一定有过通过辛苦的训练最终打破自己纪录的体验吧。目前还有运动习惯的人，也找一个自己喜欢的项目去养成运动的习惯吧。在运动到很辛苦时，告诉自己再加把劲坚持一会儿。这就是提升忍耐力的秘诀所在。

> **约定**
> · 在"被欺负"等人际交往问题上绝不能忍耐。
> · 绝不能因为减肥等目的，在重要的一日三餐上忍耐。
> · 绝不能一味忍耐，从而压抑自己内心真实的想法与情绪。

练习 想一想你的"忍耐力分数"的提升方法吧

_____

_____

写给大人的话 因为他人的原因孩子不得不忍耐，换作是谁都会相当痛苦。但如果把它想象成是对自己内心的锻炼，就会释然许多。尽可能地让孩子意识到这一点吧。

给自己打打分吧！

你是否善于应对压力呢？

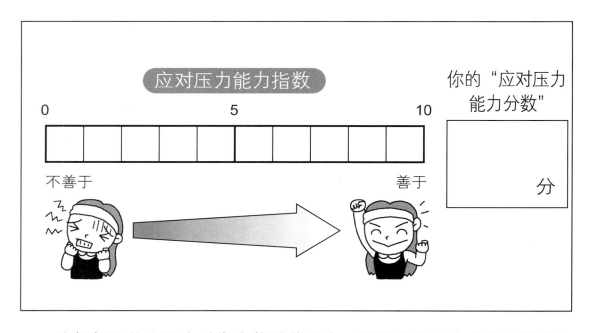

应对压力能力指数

你的"应对压力能力分数"

0　　　　5　　　　10

不善于　　　　　　　　善于

分

我们每天的生活中时常会伴随着压力。学校虽然是个充满欢乐的地方，但依旧存在很多可能导致压力的因素。家庭虽然是温馨舒适的港湾，但有时也会因为和家人吵架而感受到压力。只要是有其他人在的地方，就一定会有压力。

如果压力过大，则可能对身体造成不好的影响。比如导致腹痛、头痛，让人更容易生病。但适度的压力，反而能让一个人的内心更加强大，克服困难时的喜悦也会成倍增加。与其说要减小压力，不如说要掌握如何与压力更好地相处，将压力转化为动力，去挑战更多的事情，让自己的身心都能保持健康。

成功应对压力的诀窍

（1）今日事今日毕，明日事明日做

今天要做的事情有：
学校作业
（语文和数学）
兴趣班的作业
整理书桌

明天要做的事情：
给朋友回信
作文作业
将夏装和冬装进行调换整理
清洗鞋子

将要做的事情写在"待完成事项清单"上，并按照需要何时完成进行分类。必须今天完成的事情一定要在今天内完成，一旦拖延，后面就会总想着有件必须要做的事情还没有完成，因而心中感到有压力。可以明天再做的事情，就干脆放到明天去完成吧。

（2）体验挥汗如雨后的酣畅淋漓

啊～心里好像舒畅多了！

做一些较为剧烈的运动，让自己汗如雨下吧。出一身汗，更容易忘掉令你不开心的事情。血液循环得到促进，人也会更有精神。

练习 *想一想你的"应对压力能力分数"的提升方法吧*

_____

_____

_____

写给大人的话 压力过大会对复原力的养成造成负面影响。大人需要时常检查由于学习、在校人际关系、老师与家长本身等原因是否给孩子带去了过大的压力。

给自己打打分吧！

你是否对未来有坚定的梦想以及想要实现的目标？

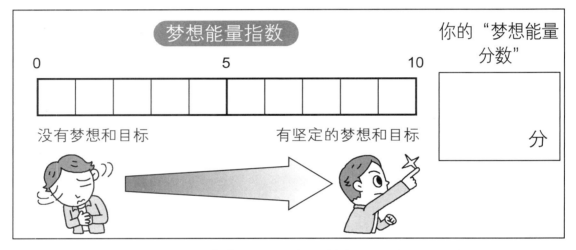

想要充满希望、能量满满地活下去，梦想和目标必不可少。

梦想是指自己将来想要成为什么样的人，想要做什么样的事。谁都可以拥有梦想。伟大的梦想，美好的梦想，充满正义感的梦想……梦想形形色色，哪怕是那些看似难以实现的事情，也可以作为梦想。有怎样的梦想是每一个人的自由。一个人有了梦想才会有憧憬，才会有动力。

目标则是指为了实现某一梦想，每一个节点应该去完成的事情。有了目标，哪怕再辛苦也能坚持下去，会让你更清楚地知道现阶段的自己应该去做些什么。一个目标达成了，你会变得更加自信。然后，你会又有一个新的目标。这样不断地达成一个又一个目标，你终会实现那个美丽又盛大的梦想。

有了梦想和目标，即使遇到打击，你也能很快地振作起来，因为心有方向，朝着未来。

拥有梦想与目标的诀窍

（1）去遇见各种各样的人

（2）为了实现大目标而设立小目标

练习 想一想你的"梦想能量分数"的提升方法吧

_____

_____

_____

写给大人的话 将自己的目标说给他人听（宣言），在这个过程中孩子就会跃跃欲试，想要更加努力。因此，为孩子创造一些谈论未来梦想、写下新年目标的机会非常有效。

16 总能重新振作起来

给自己打打分吧！

哪怕沮丧失落你也能尽快振作起来吗？

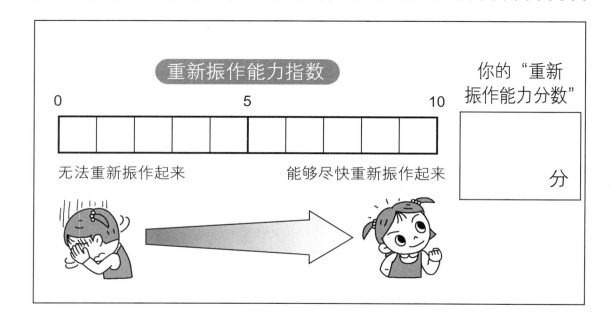

重新振作能力指数

0　　　　　5　　　　　10

无法重新振作起来　　　　　能够尽快重新振作起来

你的"重新振作能力分数"

分

　　人哪怕遇到不好的事情，一时沮丧失落，不久后也能重新振作起来。这是因为那些不好的记忆我们会一点点忘却。哪怕无法完全忘却，相比于当时受到的强烈冲击，时间也能让这些冲击逐渐淡化。其实，人们是在通过这种遗忘机制来保护自己的内心。

　　但有时，一些不好的记忆也会一直萦绕在脑海里，久久挥之不去。这是因为人的大脑会通过铭记失败的体验，来避免下一次的风险。

　　虽然记住失败的经验非常重要，但我们仍不希望不好的情绪总是缠绕着自己。去尝试一些方法，让自己做一个善于遗忘、能够及时恢复良好情绪的人吧！

重新振作的诀窍

（1）善于遗忘

　　如果善于忘却那些不好的记忆，则更容易重新振作起来。如果总是刻意地去想"快点忘掉吧""快点忘掉吧"，反倒会不断地记起这件事。想要遗忘一件事情的关键是将注意力转移到另一件事情上。

（2）彻底回想一遍

　　将不好的记忆认真彻底地按时间顺序回忆一遍，心中的郁结反倒能够解开，心情也会豁然开朗。写作文不失为一个好的方法。写完之后，再补充上这件事给你带来的好的影响和不好的影响吧。"心烦意乱"会转化为"清晰的思路"，成为你重新振作起来的契机。

> **约定**
> · 如果发生了令你感到万分受挫、难过的事情，切记不要一个人强行回想。
> · 可以找一个让你感到安心的地方，在懂你的大人的陪同下一起去回想吧。

练习 *想一想你的"重新振作能力分数"的提升方法吧*

_____

_____

写给大人的话 如何提升内心的复原力是本书的主题。关于本节内容，请参考其他章节的练习。

17 生存意志是最后的堡垒

给自己打打分吧！

当你遇到令你极度痛苦的事情时，也会想着必须要活下去吗？

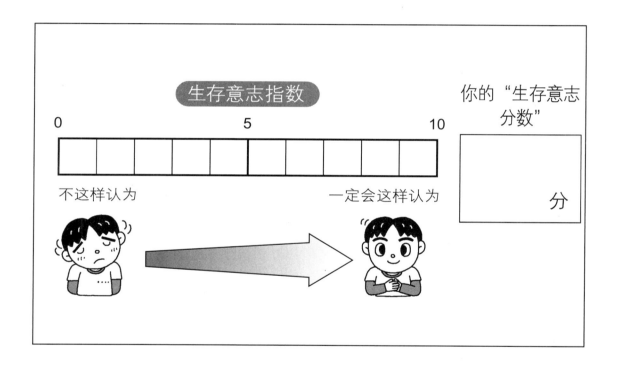

生存意志指数

0   5   10

不这样认为   一定会这样认为

你的"生存意志分数"

分

　　生存意志是自我复原过程中最后的堡垒。当我们感到失望、绝望，好像再也站不起来了，甚至痛苦得想要寻死时，我们也必须活下去。

　　但遗憾的是，这个世界上每年都有一些人放弃生命，你绝对不能做这样的事。因为这无论是对你自己来说，还是对你身边爱你的人来说，都是极度悲伤且沉重的事情。那么，当你感到无比痛苦，想要得到解脱时，请唤起你内心深处的"生存意志"。再深的痛苦、再多的眼泪，都会成为回忆。一定会有那一天，你的泪与苦都会化作笑与甜。

增强生存意志的诀窍

（1）阅读故事

有些故事，能够让我们去深度思考人生的苦与乐，去深切感受友情和生命的美好。通过阅读故事，将自己代入主人公的视角，我们就能体会到与现实中的自己不同的人生。通过感悟各种不同的人生，去发现只属于自己的"人生意义"吧。

（2）感触生命

通过看望新生儿，可以切身感受到生命的伟大与神奇。相反，当身边熟悉的人去世，我们在感到伤心的同时，亦能感受到生命的短暂和无常。通过体验这些或神圣或肃穆的时刻，我们会更加深刻地去思考"何为生命"，我们的生存意志也会变得更加强烈。

练习 *想一想你的"生存意志分数"的提升方法吧*

_____

_____

_____

写给大人的话 生存意志，不是旁人让你拥有你就能拥有的。它是一个人在经历了各种各样的人和事后自然而然形成的。如果有的孩子生存意志薄弱，那么首先要去认真倾听孩子的心声，孩子感到痛苦难过的事情，大人要去和孩子感同身受，去认可孩子的感情。在能够认真倾听自己心声的人面前，孩子才能意识到自己的珍贵与不可或缺。

状态不佳时的好运抽签

①将下面的签文复印或抄写后贴在厚纸板上，然后将它们剪开。

②在洗净的牛奶盒（其他盒子也可以）上方开一个能够让签条掉出来的长方形开口。

③将签条全部放进牛奶盒中，一个好运抽签筒就做好了。

④充分摇晃签筒，使其中一张签条掉落。按照上面所写的内容行动，你就会获得好运哦。

缓慢深呼吸 10 次。	做一做健身操，活动身体。
微笑着对他人说："早上好！"	今天的幸运数字是 5，找到身边的 5（或者 5 个相同的东西）吧。
今天的幸运物是月亮，有时白天也能看见月亮哦。	今天的幸运物是昆虫，去发现大自然中的昆虫吧。
今天的幸运色是绿色，找一件绿色的物品吧。	比往常更加漂亮地书写自己的日记或笔记。
跟学校一年级的学弟学妹亲切地打招呼。	看着镜子里的自己做出高兴和不高兴的表情。
用平时不常用的那只手开门。（比如惯用右手的人用左手开门）	将书桌抽屉收拾整齐。
去图书馆读一本书。	在马路边拾起一个别人随意乱扔的垃圾，将其扔进垃圾桶。

第 2 章

培养自我复原力的练习

18 让他人了解你

我是学校足球队的前锋。家里有三个孩子，我是老大。

　　别人告诉我们"你要更喜欢你自己""你要把自己看得很重要"，但哪怕我们想要这样去做，也并不是一件容易的事。

　　如果被别人表扬，你就会有自信；如果被别人轻视，你就会认为自己不行。当别人认真地听你说话时，你会感到自己是重要的；当别人不听你说话时，你就不知道自己的想法到底对不对。像这样，你是喜欢自己还是讨厌自己，很多时候取决于与他人的交往。

　　和朋友们互相介绍自己，体验一下别人倾听你说话是一种怎样的感受吧。

练习准备

① 每人准备一张白纸和一支铅笔。

② 2～5人为一组，围坐在一张桌子前。

③ 通过石头剪刀布的方式来决定谁是"家长"。

练习 自我介绍游戏

① 在白纸正中间画上自己的样子并写上自己的名字。在周围留出空白，一会儿写上需要介绍的内容。

② 家长提出问题。

小翔

· 你的爱好是什么?

· 你喜欢的食物是什么?

· 你有没有兄弟姐妹?

· 给大家推荐一本好书吧。

③ 其他人听家长提问，想好答案后写在纸上。待所有人都写好答案后，从家长旁边的人开始，依次分享自己的答案。

④ 当所有人都分享完以后，家长旁边的人作为新的家长开始提问。以此类推，直到每个人都做过一次家长。如果其他组还没有结束，可以进入第二轮。

约定

· 当他人讲话时，努力做到看着讲话人的脸，认真倾听。

· 尽可能地努力回答。

· 除提问者外，其他人如果遇到实在不想回答的问题，可以说"这是秘密"。

● 小结反思

· 做到认真倾听他人讲话了吗?

非常好　　比较好　　一般　　不太好　　非常不好

· 大家在听你讲话时，你是怎样的心情?

写给大人的话 要分配好时间，保证每个人可以提问一次。在活动开始前要先跟孩子们强调，本次活动最重要的目的就是学会倾听他人说话。

19 寻找令人心情愉悦的话语吧

你有没有因为朋友对你说的一句话而感到开心过？有时候，一句话就能给予对方勇气和信心。语言有着无比神奇且强大的力量。

令人心情愉悦的话，会让说的人和听的人心情都变得愉悦。

而伤人的话，会让说的人和听的人内心都感到受伤。

你跟对方说令人愉悦的话，对方同样会用令人愉悦的话语回报你。

让我们创造一个交织着令人愉快的话语的班级和家庭吧！

练习准备

① 按人数准备卡片，每人一张。
② 回想朋友曾经对你说过的令你心情愉快的话语并将它们写下来。

练习 寻找令人心情愉悦的话语

① 选择一句曾令你感到心情愉悦的话语，写在卡片上。

_____

_____

_____

② 大概以 6 人为一组，决定谁是"家长"。

③ 家长将大家的卡片收集起来，打乱顺序。

④ 从最上面的一张卡片开始翻开，出现的
   这句话是谁写的就由谁介绍一下这句话。
   是什么时候、是谁说给你的呢？为什么
   会感到开心？有多么开心呢？

⑤ 重复步骤④直到全员的卡片被介绍完毕。

●小结反思

· 朋友们介绍的话语当中，选择一句你认为很好的，写在下面吧。

_____

_____

_____

· 清晰易懂地表达自己的想法了吗？

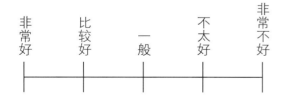

· 认真地倾听朋友们的介绍了吗？

写给大人的话 小组活动结束后，还可以全班一起进行一次。这时，不要重复孩子先前的
介绍，可以把刚刚在小组内听到的孩子认为好的话语介绍给全班同学。

20 和各种各样的人去交流吧

充满活力的心　拓宽人际关系

哪怕是同一个班级，有的人也只会和固定的几个人聊天、说话。

感觉有些人和你性格不合，很难说上话，这也是无可奈何的事情，但与你性格不合的人身上往往有你本身缺少的东西。感觉很难说上话的人，如果鼓起勇气试着跟他说说话，也许会意外地发现你们很聊得来。

这个世界上有 80 多亿人，能在同一个学校、同一个班级，是多么神奇的缘分呀。珍惜这来之不易的缘分，试着去和各种各样的人说话、交流吧。

练习准备

快速配对，2 人一组。

* 短时间内快速配对的方法举例（30 人的情况）

将写有 15 个卡通人物的卡片各准备 2 张，共 30 张。将卡片打乱顺序，每人抽选一张，抽到相同卡通人物的 2 人组成一队。除了卡通人物以外，还可以写数字、国名等，进行一次抽选就能完成分组。

练习 和大家说说话吧

① 用石头剪刀布的方式决定说话顺序。

② 决定交流的主题。

> · 今天发生了什么事情?
> · 之前的休息日做了什么?
> · 自己的兴趣爱好是什么?
> · 尊敬的人以及理由是什么?
> · 读过的书的大致概述。

③ 1 分钟准备时间,思考自己要讲些什么。

④ 按顺序每人发言 1 分钟,另一个人仔细倾听。

⑤ 互相道谢后分开。

⑥ 换其他搭档继续重复步骤①~⑤。

约定

■ 自己发言时

· 一定不要讲他人的秘密以及有可能让对方不高兴的话。

· 如果说话时间已经超过 1 分钟,要马上终止话题,并对自己的话进行总结,结束发言。

· 如果时间有富余,也不要慌张,以"我要说的就是这些,谢谢。"结束发言。

■ 听对方发言时

· 不要说自己的话题,不要开口打断对方。

· 认真倾听,简单地附和。

· 等到对方全部说完再提问。

· 如果时间还有剩余,可进行简单提问。

●小结反思

· 做到 1 分钟内冷静发言了吗?

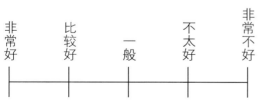

非常好　比较好　一般　不太好　非常不好

· 将心比心地认真倾听对方发言了吗?

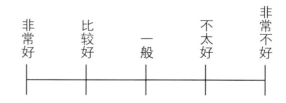

非常好　比较好　一般　不太好　非常不好

写给大人的话 如 1 分钟的发言练习孩子已经做得比较好了,可以将发言时间增加至 2 分钟、3 分钟。在进行组队时,要充分地指导孩子绝对不能拿出很讨厌对方的态度。真心对待他人也是我们的必修课。

21 赞扬他人，自己也能快乐

你是否曾自然地赞扬朋友，让朋友感到开心？那时，你自己是不是也很高兴？

赞扬他人，看似简单，实则不易。如果只是含糊不清地说一些"好厉害呀""好棒呀"，对方也不会感到很开心。说一些奉承话，反倒会被质疑你的赞扬是不是发自内心的。

认真观察、了解对方，将你感受到的对方努力的地方、觉得对方厉害的地方直截了当地用语言表达出来。如果想要真心赞扬对方，前提是一定要很了解对方。这样做，不仅可以培养你观察人的能力，还能增进你和对方的友谊。当你发自内心地赞美他人时，往往你也能获得赞美。当你获得赞美时，你就会心情愉悦，也会更有努力的动力。

练习准备

通过抽签的方式决定自己要赞扬的 4 个人。这 4 个人分别是谁一定要保密。应该也会有 4 个人将要赞扬你。

练习 "夸夸"大赛

① 用 1 周的时间观察自己要赞扬的朋友。

② 观察期结束后，通过写作文的方式将你观察
到的事情总结下来。

③ 被赞扬的人坐在正中间，赞扬他的 4 个人站
在其身后朗读自己的作文。

④ 一个人朗读结束后，其他人鼓掌。被赞扬的
人表示感谢。

⑤ 全部结束后，投票选出谁最会赞美他人。

约定

· 1 周的时间，好好观察目标人物的一举一动，发现有值得赞扬的地方心里记下
来，之后记在笔记本上。

· 尽量小心翼翼地行动，不要被对方发现。

· 千万不要跟在目标人物身后行动。

· 不要去找谁是要赞扬你的那个人，也不要为了获得赞扬去做一些平时不会做的事
情。观察期间，正常生活就好。

● 小结反思

观察朋友时觉得对方很厉害的地方。

_____

_____

_____

被赞扬后觉得很开心的地方。

_____

_____

_____

写给大人的话　如果没有充足的时间开展"夸夸"大赛，可以分组后采用互相赞扬的方式，
令各小组同时在组内进行互相赞扬。如果孩子只从那些赞美过自己的人中
选择最擅长赞美的人，会让赞美的人觉得他们被分了优劣，因此应指导孩子从所有人中投票选
出最会赞美的一个。

22 将缺点转化为优点

看待同一事物的两个视角

胆小

做事小心谨慎

你喜欢你自己吗？说不喜欢自己的人，大概是在冷静、谦虚地看待自己吧。但如果可以发现哪怕一点点能够喜欢上自己的部分，我们就能够更加自信、自如地生活下去。

如果你还没有发现自己的优点，也无须担心。很多情况下，人的缺点都可以转变为优点。比如，"担心"也可以说是"小心谨慎"，而"急躁"也可以说是"果断"，等等。

练习准备

① 练习将缺点换个说法，将其转化为优点吧。

缺　点		优点大变身
任性（不考虑他人自顾自地行动）	➡	
懒散（行动很慢）	➡	

② 通过抽签的方式与朋友组队，两人一组。

练习 将缺点转化为优点

① 将自己的缺点写在下方左侧空栏中。

我的缺点		优点大变身
	➡	
	➡	
	➡	

② 与跟自己组队的朋友交换表格，互相将对方的缺点转化为优点吧。

③ 交换队友，重复 3 次上面的步骤。

> **约定**
> · 将朋友写出的你的缺点从另一个视角去思考，将其转化为优点吧！
> · 如果感到将其转化为优点有些困难，去找其他朋友或大人求助吧！
> · 对帮助你将缺点转化为优点的朋友表示感谢吧！

● 小结反思

· 写下你的活动感想吧。

_____

_____

_____

写给大人的话 虽然孩子一个人也可以将缺点转化为优点，但通过让朋友写出来的方式，他能收获更大的喜悦。此外，孩子和朋友的关系也能变得比以前更好。

23 充分利用成功的经验

为什么打中了呢？
是充分练习了？
是仔细看球了？
还是换球棒了？

咚！

回顾到目前为止的人生，无论是谁，都一定会有进展顺利的事情和获得成功的时刻吧。这些成功的经验，一定能在你今后的生活中发挥作用，给予你帮助。如果能够找到这些成功的缘由，就能将它们作为习惯坚持下来。

如果将成功的自己想象成英雄，来回答他人提出的关于"你为什么会成功"的问题，当你用自己的话表达出来时，你就可以对这个理由有更深刻的理解，然后会有意识地在今后的生活中去充分利用这些成功的经验。

练习准备

① 大约每 5 人分成一组。
② 回想迄今为止的成功经验，从中选择一个写下来。

[例]

· 做到了坚持早睡早起。
· 不再丢三落四。
· 能够坚持回家立马做家庭作业。
· 以前不太善于与朋友交流，但现在能够自信大胆地与朋友说话了。
· 能够记得每天把家里的垃圾带出去扔掉。

· 在棒球比赛中击球命中。
· 书法作品比赛入选。
· 在道德与法治科目的考试中考了 95 分。

练习 *你的英雄人物采访*

① 小组内每人轮流担任"英雄"的角色接受采访，谈一谈自己成功的经验。不需要故意谦
　虚，自信大胆地去说吧！

② 其他成员则担任"记者"的角色，每人向英雄提 1 个问题。

想提的问题

你成功的秘诀是什么？
你都做了哪些努力？

约定
· 将你想问的事情问到底。因为是成功的理由，所以被问也会感到开心。
· 看着英雄的脸，认真地听英雄讲述吧。
· 对英雄的讲话适当地点头附和。
· 英雄讲完话后，大家鼓掌示意。

●小结反思

接受采访后你的感受如何？

_____

_____

_____

写给大人的话　本节练习采用了"成功责任追究"这一方法。被追究失败的责任时，人们会
感到很痛苦，但当被人问及成功的原因时，人们则会感到开心。帮助孩子去
意识到那些或许连他们自己都未曾意识到的成功的秘诀，并且让他们将其用语言表达出来吧。

大拇指，谢谢你

吉女士患癌住院了。为了治疗癌症，她开始接受手术和化疗。渐渐地，她的头发掉光了，四肢也变得无力。

所幸的是，治疗成功了，她的身体开始渐渐地恢复。当她的身体开始稍稍有了力气时，护士这样对她说道："现在四肢终于能动了，快去表扬表扬它们吧。"

吉女士试着对自己右手的大拇指说："大拇指，谢谢你。"接着，她用左手手掌去轻轻地抚摸这段时间以来一直激励自己、帮助自己的大拇指。她的眼泪不自觉地流了下来。

平时，我们不假思索地随意活动着我们的身体。但当我们稍稍受伤或生病时，就不再能随心所欲地活动身体的部位了。现在的我们能按照自己的心意去活动并使用我们的四肢，实在是太过神奇又难得的事情了。

让我们集中精神，发自内心地对自己身体的各个部位道一句"谢谢"吧。我们会感到新鲜的血液被送到了身体的各个角落，我们的身体和心灵都变得生机勃勃起来。

練习 **对身体道一句"谢谢"**

① 写一写身体的各个部位都有怎样的功能。

身体部位	功能·作用
［例］大拇指	能够与其他手指合在一起，抓住铅笔等物品
脚掌	总是承担着身体的全部重量，成为身体的底基
脖子	让我们转动头部可以看向四周

② 在脑海中想象上表中写到的情形，用左手去抚摸右手大拇指，试着说一句"大拇指，谢谢你"吧。

约定
- 同样，对左手食指、中指、无名指、小指以及右手的五个手指依次道一句"谢谢"吧。
- 不光是手指，手掌、手腕、脚、小腿、大腿、肚子、头、眼睛、耳朵等，都对它们道出你的感谢吧。

● **小结反思**
· 对自己的身体说"谢谢"的时候，你感受到了什么？

_____

_____

_____

写给大人的话 如果直接让孩子去说出身体各个部位的作用，孩子可能会下意识地怀疑"××真的有这么大的作用吗？"不要仅仅只是传授科学知识，而是要结合孩子受伤、生病时的亲身经历，这样能让孩子的学习效果更理想。

25 写首小诗，
让心情明朗起来

书海泛舟勤不懈，

笔山攀登笑声连。

家中乐事日增多，

作业之山也逍遥。

　　当我们遇到许许多多的烦恼和痛苦时，试试写首诗吧。或许写着写着，你的烦恼和痛苦就会减轻。另外，通过写诗，也能让你静下心来去思考你遭遇的事情。

练习 *孩子也能写小诗*

① 将日常生活中所经历的有趣的事情、痛苦的事情、令你感动的事情、印象深刻的事情用短文的形式写下来吧。

_____

_____

_____

② 试着将其写成小诗吧。

_____

_____

_____

●**小结反思**

成功写出符合你心情的小诗了吗?

_____

_____

_____

写给大人的话 比起写出优美的诗句，更重要的是培养孩子客观看待事物的能力以及克服困难的勇气。将写好的小诗拿给朋友看，甚至可以开一场属于自己的诗会。还能通过鉴赏朋友们的作品，去和朋友们产生共鸣。

26 有志者事竟成，自信起来吧

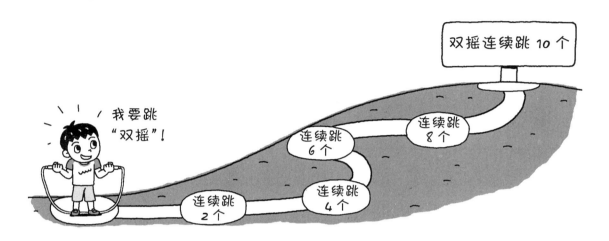

如果总是尝试却始终做不到，这样的经历多了就会觉得自己"怎么干什么都不行"。渐渐地，无论做什么事，哪怕很简单的事，也会从一开始就认定自己"做不到"。

因此，在制定目标时，就制定一些通过努力就有可能达成的目标吧。过高的目标，会因为总是无法达成而成为你"果然努力也做不到"的经历；过低的目标，即便成功了，成就感和喜悦感也会很微弱。目标，得是哪怕只是幻想你达成时的场景，也会忍不住高兴的事情。最后，为了便于判断目标是否已经达成，尽量让自己的目标量化一些吧。

练习准备

· 制定一个两周内通过努力似乎就可以达成的目标吧。一个令你感到激动的目标，记得在制定时尽可能用上数字。

> ［例］做到连续跳 10 个双摇。

练习 有志者事竟成！大作战

① 将自己的目标讲给朋友或家人听，记下他们鼓励你的话语吧。将自己的目标宣告给他人，自己也会更有动力，觉得必须得努力了！

姓　　名	鼓励的话语

② 坚持每天记录吧！通过记录可以看到自己正在一点点地接近目标，会变得更有干劲儿。

月／日	星期	到目前为止达成的事情（成果、练习内容、困扰等）
［例］6／3	二	练习 30 分钟，做到了连续跳 4 个双摇。

③ 向朋友或老师汇报成果，记下他们表扬的话语。如果很遗憾未能达成目标，就记下他们鼓励的话语吧！

姓　　名	表扬的话语 / 鼓励的话语

●小结反思

· 结束了为期两周的挑战，结果如何？感受如何？

_____

_____

_____

写给大人的话 如果情况允许，尽量每天看一遍孩子的记录，多多鼓励孩子。对于未能达成目标的情况，大人也要让孩子自己意识到自己付出的努力和哪怕只有一点点进步的重要性。如果在挑战目标的过程中召开一次"中期报告会"，孩子也会更有持续努力的动力。

27 通过工作掌握的生活能力

充满活力的心　　生活习惯·体验

稍稍帮忙做一点家务，既会感到很有趣，又能被家人表扬。但仅仅如此，并不能算是对家里有贡献。当你哪怕做了家务也不会被表扬，而是被看作理所当然时，才能算是对家里有贡献。换句话说，就是当做家务从"帮忙"转化成为自己本该做的"工作"时，就是对家里有贡献了。

当你经历过了这一极度困难的时期，你的内心会变得更加强大。另外，将这份"工作"变成你每日生活的习惯之一，你也就不再感到那样痛苦了。并且你的手会更灵巧，思维会更敏捷，忍耐力也会逐渐增强。

为了成为一个对家庭有贡献的人，每天试着去"工作"吧！

练习准备

· 决定未来 3 周内每日要做的工作。比起走马观花地干干这个、干干那个，集中精力做好一件事情更能帮到家人。在和家人商量的基础之上，决定你要做的工作吧。

从今天起为期 3 周，我要

练习 *每日工作！大作战*

① 让家人给你写"拜托你了！"这样的留言条。

_____

_____

② 坚持每天记录。记录这件事本身就是这次作战的核心内容。即使家务没能做好，也要好好记录下来，明天会更有干劲儿地去把这件事做好。

第1周 / 第2周 / 第3周

月 / 日	星期	得分	工作表现和感受
本周得分			本周回顾

总得分➡ [　　　　分　]

【 给分标准 】
5 分：被家人提醒之前已经做好了
4 分：被家人提醒之后立马去做好了
3 分：被家人提醒之后过了一会儿去做好了
1 分：没能完成（只是记录了）

③ 3 周的家务完成后，让家人给你写一写"辛苦啦！"这样的留言条吧。

_____

_____

● **小结反思**

回顾自己做家务的经历，写一写今后的想法和决心吧！

_____

_____

写给大人的话 让孩子每周至少提交一次自己的记录表，适时地给予孩子鼓励。到了大约第二周时，孩子可能会进入中期倦怠阶段，这时要帮助孩子克服困难，努力度过这一时期。通过召开中期报告会、给孩子写"鼓励的话"或让孩子写"自我激励的话"，更能让孩子的干劲儿得以持续。

28 想着"总会有办法的"去迎接挑战吧

柔韧灵活的心 | 乐观主义

"总会有办法的",是一句充满魔力的话。只要说出这句话,心里也会觉得"嗯,总会有办法的""事情总会迎刃而解的"。当我们有太多担心的事情,内心极度焦虑不安时,试着说一句"没关系,总会有办法的",心情一定会轻松许多。

但是,什么都不做,只是想着"总会有办法的",这也是万万不行的。"总会有办法的"并不是我们偷懒的借口。

减少不安的最佳方法,就是做好当下该做的事和能做的事。也许努力了不一定会成功,但至少不会后悔,因为我们尽力了。有时候,把该做的事情做好了,心情自然也就放松了。"尽人事,听天命"很重要。

练习准备

将你此时的不安写在下方空栏中吧。

练习 学会"总会有办法的"这种思考方式

① 整理出导致你不安的原因。

> 钢琴演奏会只剩不到 1 周的时间了，可曲子才刚学会了一半……

你
_____
_____
_____
_____

② 思考目前自己能做的事情。

一定会顺利的！

> · 每天练习 2 小时，还能练习 6 次。
> · 将尚且弹不好的地方分为 5 个小节，每天练好 1 个小节，第六天就能全部练好了。

你
_____
_____
_____
_____

③ 想出一些属于自己的能够让自己感到事情一定会顺利的口诀吧！

　　船到桥头自然直，车到山前必有路。／相信自己！／我是世界上钢琴弹得最好的！／一定没问题的！／我一定能行的！

· _____
_____
· _____
_____
· _____
_____

④ 在实践中去使用这些口诀吧！如果能以写日记的方式用上这些口诀那就更好了！

写给大人的话 乐观主义能够更好地提升孩子的自我复原力。但是，什么都不做，单纯想着"总会有办法的"，也并不能够减少孩子的不安，并且实际失败的可能性更高。让孩子把自己该做的、能做的事都做到，之后再去想"总会有办法的""总会顺利的"，这才是正确且适当的乐观主义。

59

29 未来有光，勇敢向前

柔韧灵活的心 | 面向未来

2011 年 3 月 11 日，东日本大地震的发生让许许多多的人流离失所、家破人亡，一夜之间跌入了绝望的谷底。但尽管如此，这些遭受了地震带来的毁灭性打击的人们，依旧带着"面向未来"的心情，一步一步地开始重建自己的家乡。

当我们遇到困难的时候，如果总是纠结于已经发生的事情，想着"为什么会发生这种事情啊""这以后可怎么办呀"，我们的心情就会被过去所影响。如此一来，烦躁、郁闷的情绪就会越来越强烈。

这种时候，告诉自己"向前看吧"，然后，将自己心里纠结过去和面向未来的心情都好好整理整理吧。

练习准备

· 想一想有哪些令你感到烦恼，导致你无法向前看的事情，将它们写下来。

练习 向前看吧

① 关于"练习准备"中写到的事情，分别用"纠结过去"和"面向未来"的思考方式去想想看，将你想到的结果写下来吧。

（小祐的案例）	想　　法	结　　果
"纠结过去"的思考方式	・石头剪刀布输了，心情烦躁。 ・因为不擅长在很多人面前讲话，所以没办法做活动的主持人。	・一边抱怨一边做，结果也做不好。 ・越是临近活动当天，越是焦虑烦躁。
"面向未来"的思考方式	・把它当成一次新奇的经历，总之先做看看。 ・找之前的活动主持人请教经验。 ・虽然不善于在众人前讲话，但如果有了这次做主持人的经验，或许以后就变得敢在众人面前讲话了呢？	・会知道如何主持活动。 ・可以和之前的活动主持人交朋友。 ・今后不再害怕在很多人面前讲话。

你	想　　法	结　　果
"纠结过去"的思考方式		
"面向未来"的思考方式		

② 将"面向未来"的想法用简单易懂的话语（宣言的形式）写在纸上，贴在醒目的地方吧。

（小祐写下的宣言）克服不擅长的事情！让大家快乐！勇敢向前！

_____

_____

_____

写给大人的话　一味地强行让孩子向前看，孩子也很难做到。首先要让孩子知道有"纠结过去"和"面向未来"两种思考方式，让孩子去客观地审视自己的心情。然后通过想象两种不同思考方式带来的结果，让孩子自己去选择自己应该怎样做。

改变看待事物的方式，恢复元气

当遇到同样的困难时，有的人会感到压力很大，有的人则并非如此。这是因为每个人感受事物、看待事物的方式不同。

当我们感到压力很大时，只需要稍稍改变我们看待事物的方式，就能减轻我们的压力。

如同每张纸都有正反两面，任何事物也都有两面性。在不好的事情里，或多或少也一定藏着好的机遇。

练习准备

· 学会积极向前看的思维方式转换练习。

暑假只剩 10 天了！作业肯定做不完了。	→	暑假还剩 10 天，每天坚持做，一定能做完！

① 面对下述情形，试着改变看待事物的方式，朝着积极乐观的方面去想一想吧！

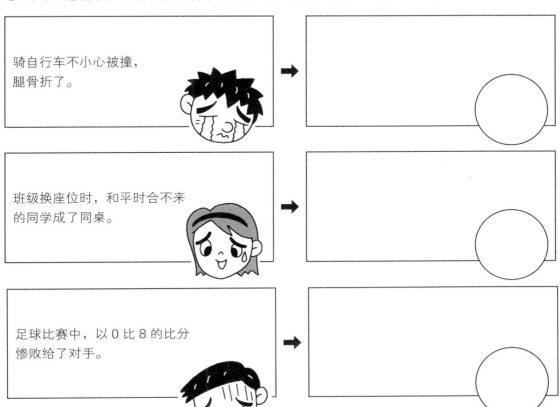

骑自行车不小心被撞，
腿骨折了。

班级换座位时，和平时合不来
的同学成了同桌。

足球比赛中，以 0 比 8 的比分
惨败给了对手。

② 针对你此刻感到有压力的事情，试着改变看待事物的方式，朝着积极乐观的方面去
想一想吧！

写给大人的话 如果想着"暑假还剩 10 天"，有些孩子也许反倒会更加松懈懒散。然后到
了只剩 3 天的时候，又会想"糟糕，只剩 3 天了"，届时压力会更大。因
此，改变看待事物的方式这一方法，只有在孩子感到绝望后重新振作起来时，才算得上是好
的、有效的方法。

31 适应变化

你善于应对"变化"吗？如果凡事都能够依照计划进行，那就再令人安心不过了。但有时，因为很多突发情况，对原计划不得不做出变更。这时，我们会感到不安，甚至愤怒。特别是当我们期待已久的活动被迫取消时，我们更是会感到遗憾、不甘。

遵照计划行事，遵守约定，这些都非常重要。但即便如此，计划终究赶不上变化。当计划发生变化时，我们不要慌张，要学会灵活地应对，这也是我们自身的一种重要的能力。

练习准备

• 想象一下当原计划发生变更后，我们特别遗憾不甘的样子。然后再想象出另一个自己成为自己的"心理医生"，练习试着给自己提出建议吧！

练习 做自己的"心理医生"

① 面对下述情形时，化身为自己的"心理医生"给自己提出建议吧！

因为下雨，远足活动延期了。你很不甘心。

老师突然生病休假了。你喜欢的语文课变成了音乐课。怎么办呀？

以为是和A同学两个人一起玩儿，结果却又来了其他6个人。这可怎么办呀？

② 针对你目前面对的困难或感到愤怒的事情，化身为自己的"心理医生"给自己提出建议吧！

写给大人的话 有些孩子特别不善于应对变化。对于这样的孩子，我们应该尽可能地将一天的日程可视化，尽可能地不要做临时的变动。但我们仍然有必要通过本节的练习，一点一点地培养孩子灵活应对变化的能力。

32 知道世界并不是非黑即白

柔韧灵活的心　｜　包容模糊的概念

小 A 说话不算话，我再也不相信她了！

小 A 没来。

你是否也曾因为好友的一次毁约，变得再也不相信他？他在你心中从"超棒超喜欢的人"发生了 180° 大转变，成了"超坏超讨厌的人"。

假设白是 100% 的好人，黑是 100% 的坏人。你是白，还是黑呢？是不是既不是黑，也不是白，处于黑白之间才是最准确的答案呢？

同样，你的朋友也一定会有好的一面和不好的一面。互相包容、互相谅解，不将朋友划分为 100% 的"同伙"或 100% 的"敌人"，才能更安心地与之长久交往。

练习准备

• 练习找到处于两种对立思考方式之间的折中的思考方式吧。

| 学校是个 100% 无聊透顶的地方。 | ←————————→ | 学校是个 100% 无比有趣的地方。 |

这种思想

• 学校里有同伴一起玩耍，但学习很辛苦。

• 在学校里学习虽然很有趣，但处理人际关系有些费神。

●找到下述两种对立思考方式之间的折中思想吧。

玩游戏既伤眼睛又伤大脑，绝对不能玩儿。

【折中思想】

玩游戏多有趣呀，应该想玩儿就玩儿。

现在刻苦学习是为了有更好的将来，因此晚上熬夜也要学习。

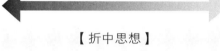
【折中思想】

学习真是太难了，不学也罢。

小智同学成绩也好、运动也棒、领导能力也强，是个完美的人。

【折中思想】

小智同学总是喜欢命令别人，是个令人讨厌的人。

写给大人的话 折中思想也并不全是正确的。像"生命的宝贵""不能欺负他人""不能发动战争"等观点，是绝对不容扭曲的。像这样的观点还有很多，本节的目的比起教会孩子选择正确的思想，更在于培养孩子思考的灵活性。

33 学会感恩

柔韧灵活的心　　**感恩的能力**

　　如果一天到晚总是感到不满，心情自然会变得糟糕。我们的目光，总是容易看向那些令人心烦的事情。

　　相反，对各种各样的事情都心怀感恩的人，才能体会到幸福的滋味。"拥有感恩的能力""懂得感恩"的人，也会从身边的人那里获得更多的感谢。

练习准备

· 小美的这些烦心事中，有没有值得感谢的部分呢？试着想一想吧。

被路上的陌生长辈教训"鞋子可不能踩着穿呀"。 ➡	作为守护孩子们安全上下学的志愿者，热情地关心着孩子。
同桌遇到不会做的题目时让"我"给她一些提示。 ➡	
学校食堂的饭菜太难吃了。 ➡	

练习 发现身边"值得感恩"的事情吧

● 发现身边各种"值得感恩"的事情并将它们写下来吧。

① 谢谢你的关心和帮助。

当你受到家人、老师等大人的关怀和帮助时。

② 谢谢你让我感到开心。

当你受到朋友或兄弟姐妹的帮忙，或者他们陪你玩得很开心时。

③ 谢谢生命与生活。

当我们从大自然中索取，当世界上的某些人为我们奉献时。

写给大人的话 当孩子们发现了值得感恩的事情后，以小组为单位或者在全班进行讲述，孩子们的视野会更加开阔。不是强行让孩子知道"你应该去感谢"，而是让孩子自己意识到"懂得感恩，自己和他人都能变得更加幸福"。

34 自己的行为自己做主

柔韧灵活的心　　**自主性**

都是因为小宏说了让我不高兴的话！

都是因为小祐叫我去玩游戏……

上面两个人的行为，都是将自己的行为动机归结到自己的情绪或他人身上。如果总是这样想，那么当自己遇到困难时，就不会想着自己应该去如何克服。我们要养成自己的行为自己去选择、自己去决定的习惯，这样一来，哪怕结果不能如愿，也不会有遗憾。

练习准备

· 你有过哪些通过自己的自主选择做出的行为？

练习 *自主选择！大作战*

① 接下来的两周内，有意识地去自主选择自己即将要做的事情，并将每日的行动记录
  下来。

第 1 周 / 第 2 周

月 / 日	星期	场景	自己选择的行动
［例］8 / 3	一	淘米时	虽然觉得淘米很麻烦，但想着不淘米就没法吃晚饭，于是努力认真地把米淘好了。

约定

· 制定目标，每周至少 6 次自主决定自己的行动。

② 让家人和朋友为你写下鼓励表扬的话语。

> ［例］虽然觉得麻烦，但没有被"懒惰"打败，认真负责地完成了家务，非常厉害！
>   妈妈

③ 写下你认为自己进步的地方或当时感到困难的事情。

_____

_____

_____

写给大人的话 这一练习的目的，比起做出正确的选择，更在于让孩子懂得如何自己选择
自己的行动并对其结果负责。让孩子每 1~3 天提交一次记录表，适时地鼓
励孩子。练习开始 1 周后，进行中期总结，孩子会更有坚持下去的动力。

35 学会排解压力

当我们感到特别生气，愤怒无处发泄时，摔一摔或踢一踢东西，心情好像会变好一些。

但万一摔坏了重要的东西，或者踢伤了自己的脚可就大事不好了。更糟糕的是，如果将气撒在别人身上，伤及无辜，可就不是自己一个人的事情了。到那时，你会平白无故地又生出更多的压力。

为了防止自己被坏情绪一时冲昏头脑，我们和自己做出以下 3 个约定吧。

① 绝不伤害他人。

② 绝不伤害自己。

③ 绝不损害重要物品。

练习准备

· 写出到目前为止你所尝试过的有效的压力排解方法吧。然后向身边的朋友和大人请教，他们是如何排解自己的压力的。

［例］放声大喊、听音乐、跳舞

练习 压力排解大赛

① 在遵守和自己做出的 3 个约定的前提下，思考以下各种情形下的压力排解方法吧。例如，生气时踢废弃的旧纸箱，哪怕将纸箱踢出一个大洞也不会受伤。

· 生气时

_____

_____

_____

· 难过时

_____

_____

_____

· 不安时

_____

_____

_____

② 互相分享自己的压力排解方法，大家一起尝试可行的方法。
③ 写出适合自己的压力排解方法。

_____

_____

_____

写给大人的话 每个人感受到压力的大小和方式都不同。如果是能够很好地控制自己愤怒情绪的孩子，就没有必要强行去踢纸箱。我们要建议孩子找到适合自己的压力排解方法。

36 放松身体，心灵也会得以舒缓

柔韧灵活的心 | **压力管理**

当我们积攒了太多的压力后，身体和内心都会变得僵硬疲累。这时如果放松我们的身体，内心也会变得轻松。

我们在每天的生活中无时无刻不在呼吸，据统计，我们每日要呼吸 2 万次以上。平常我们都只是做稍稍抬肩的浅呼吸，如果尝试做通过吸气将腹部鼓起来的"腹式呼吸"，我们的身心会变得更加放松。

另外，放松我们紧张的肌肉，有助于减轻我们的压力。

但想让肌肉放松，其实并不像我们想的那样容易。先试着用力绷紧全身肌肉，再一口气放松下来吧。有没有觉得身体比之前变得柔软了许多？新鲜的血液会进入放松的肌肉，如果你感到身体暖暖的，那就说明你成功了。

练习准备

· 做好更容易让身体放松的"准备姿势"。

· 闭眼
· 两手放松，自然下垂

· 收起下颌
· 挺直后背
· 整个臀部坐在椅子上

练习 放松练习 🖉 [ ]内为心里默念的节拍数

① 缓慢呼吸。

- 坐在椅子上，尽可能挺直后背。放松全身肌肉，闭上眼睛。
- 将肺部残存的气体全部呼出。
- 一边用鼻子吸气，一边让腹部鼓起。[1，2，3]
- 停止吸气。[4]
- 用嘴慢慢地将气体呼出。想象将心中不好的回忆连同气体一同呼出体外。[5，6，7，8，9，10]
- 反复练习3分钟。
- 结束后像刚睡醒一样，尽情地伸个懒腰吧。

② 卸下全身的力气。

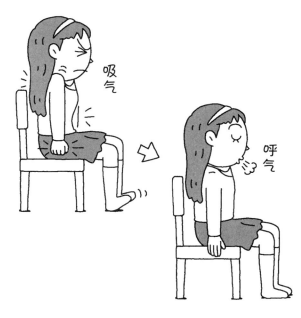

吸气

呼气

- 右手用力捏紧拳头。[1，2，3，4，5]
- 呼气的同时彻底卸下右手的力气，放松下来。
- 用心感受此时右手放松的感觉。
- 按照右手→左手→右脚→左脚→腹部→后背→肩部的顺序，在每一处做发力后放松的练习。
- 接着以右手＋左手＋右脚＋左脚＋腹部＋后背＋肩部的方式，逐渐增加可以发力的部位，同时发力最后一并放松。
- 结束后像刚睡醒一样，尽情地伸个懒腰，左右转动脖子，拉伸后背。

写给大人的话 在这项身体活动结束后，一定要记得做睡醒后的伸懒腰动作，让意识恢复到日常状态。突然让身体强行发力，有时可能会导致肌肉疼痛，因此要一点点地去发力，直到习惯这项练习为止。

37 认真表达、温柔表达

朋友在你面前议论别人，并且让你也认同他说的话，你是否遇到过这样的情况？如果你说你不这样认为，并告诉他背后议论别人不好，可能会让你们产生矛盾。但如果因此就违心地附和他的话，表示同意他的说法，那对于被议论的人来说是有失公允的。

这种情况下的正确做法如下。

① 认真表达自己的真实想法。这时，要在考虑到对方心情的前提下，选择温和委婉的语言来表达。

② 不要点评对方，要使用以自己为主语的表达方式。不指责对方，而是表达出自己的想法就好。

练习准备

· 比较下述 3 种表达方式。

① 攻击对方的"正义者"。

② 隐瞒自己想法的"胆小鬼"。

③ 不攻击对方，但表达自己想法的"小天使"。

• 出现下述情形时，"正义者"和"胆小鬼"会说些什么呢？最后想一想作为最好的表达方式，"小天使"又会如何表达呢？

写给大人的话 通过角色扮演的方式，让孩子们彼此之间互相说"正义者""胆小鬼"和 "小天使"的台词，同时回顾彼此的心情，就能很好地理解这 3 种表达方式 的不同。当听到别人用不好的台词说自己时，有些孩子会感到受伤。因此记得活动结束后，一定要让孩子们互相握手，通过握手言和的方式让孩子们的情绪恢复正常。

77

38 表达心情的语言如此丰富

人的感情丰富多样。不仅有开心、高兴这样一些愉悦的心情，还有生气、烦躁等不悦的情绪。那么，我们应该如何与这些丰富的感情相处呢？

婴儿刚出生时，只知道"心情好"和"心情不好"。随着我们渐渐地长大，情感也渐渐地被细分为"高兴""幸福""悲伤""痛苦"等，随着我们更加成熟，我们变得能够更加具体地去表达我们更为细致的感情。

当我们感到"愤怒"时，如果我们能够准确地了解自己究竟是"悲伤"，是"生气"，还是"不甘心"，并且能够表达出来，就说明我们的内心正在成长。

练习准备

• 准备一张卡片，正面写上自己的经历，反面写上当时的感受，尽可能选择最为贴切的情感表达。

经历

| 和朋友约好了一起玩，但是他没有来。 |

感受

| 我很生气。 |

练习 情感卡片游戏

① 以 2～6 人为一组。

② 确定好顺序后，每人依次向大家展示自己卡片的正面，解说发生的事情。

③ 其余的人每人针对这件事情说出自己认为当时可能出现的情感。

④ 解说自己经历的人翻转卡片展示背面，公布卡片上的正确答案。

⑤ 回答正确的人得 2 分。哪怕不是正确答案，但如果解说人认为这种情感也很接近，可以
  给回答的人加 1 分，并在卡片背面加上这一情感。

⑥ 重复步骤①至⑤，直到全员发言结束。

● 情感表达语言示例

气馁、厌倦、惊愕、憧憬、焦急、生气、慌张、哀愁、痛苦、爱慕、焦躁、
麻烦、愧疚、烦躁、高兴、无聊、可惜、害怕、安定、失落、平静、
遗憾、悲伤、忍无可忍、可怜、感激、佩服、感动、愉悦、恐怖、讨厌、
狂躁、留意、紧张、不甘、心痛、留恋、幸福、心疼、孤独、恐惧、
寂寞、嫉妒、失望、震惊、焦心、难受、担心、喜欢、钦佩、舒畅、
焦虑、舍不得、绝望、爽快、快乐、期待、无趣、煎熬、心动、忧郁、
惊悚、可叹可悲、想哭、内心平和、难为情、怀念、极其讨厌、怨恨、
憎恶、害羞、战战兢兢、吓一跳、不安、郁闷、满足、悲哀、愤怒、
觉得棘手、没有干劲儿、心潮澎湃

写给大人的话 通过使用孩子写的情感卡片或上述"情感表达语言示例"，可以组织孩子玩
"情感快问快答"或"身体语言猜情感"的游戏。另外，除了通过经历联想
情感，还可以将其反过来，通过卡片反面所写的情感，去让孩子思考在哪些情形下会出现这样
的情感。

39 寻找自己的守护者—— ①家人

柔韧灵活的心 | 丰富的人际关系

在你身边，其实有很多支持着你、守护着你、给予你帮助的人。这样的人，我们称之为"守护者"。如果我们能够意识到他们的存在，我们内心的不安和孤独或许就能得以消减。我们的内心会感到更有依靠，我们也会更有勇气面对人生。

特别是每天照顾我们的衣食住行，为了我们的成长有时也会教育、批评我们的人；想让家庭生活变得更好，努力工作为了挣得更多收入的人；虽然偶尔也会吵架但经常一起玩的兄弟姐妹。家人，永远是你最亲近、最让你感到安心的守护者。

但当我们进入青春期后，有时可能会觉得家人，特别是父母很爱唠叨。这是你正在慢慢成为大人的证明。这时，让我们静下心来，回头好好看看一直守护着我们的家人吧。

练习准备

· 家庭有各种各样的形式。让我们来一起想一想，有哪些形式的家庭吧。

● 没有爸爸妈妈的家庭
● 有很多兄弟姐妹的家庭或者独生子女家庭
● 养育自己的父母并不是自己亲生父母的家庭
● 并不是在传统意义上的家里，而是在福利院里生活的人
●
●
●

· 守护者图示如下。

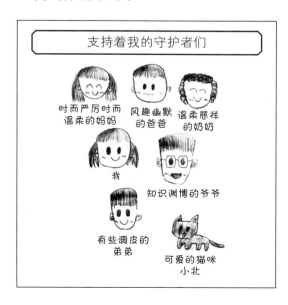

支持着我的守护者们

时而严厉时而温柔的妈妈　风趣幽默的爸爸　温柔慈祥的奶奶

我　知识渊博的爷爷

有些调皮的弟弟　可爱的猫咪小北

练习 画下你的守护者——①家人

① 在正中间画上自画像并写上名字。

② 在自画像周围画上一起生活的家人的脸，写上你对他们的称呼，以及你对他们的描述。
（参照上一页）。

写给大人的话 处于心理叛逆期的孩子，或对家人有埋怨的孩子，他们有时也会将他们的埋怨和烦恼吐露出来。这时，大人们要认真倾听孩子的倾诉。

40 寻找自己的守护者——②身边的大人

柔韧灵活的心　　丰富的人际关系

啊！这样啊！老师，我知道了！

除了家人以外，你身边的其他大人也会是你强有力的守护者。如果遇到了仅凭我们自己的力量无法解决的事情，就去找大人们商量吧！

学校的老师，是除了家人以外我们身边最亲近的人了。他们不仅教会我们知识，还教给我们很多人生经验。为了让我们更好地成长，今后能够更好地生活下去，或许他们有时会批评教育我们，但当我们遇到困难时，他们也一定会帮助我们一起解决。

除了学校的老师外，还有很多能够帮助到我们的人，比如兴趣班的老师、运动俱乐部的教练、亲戚家的叔叔和阿姨们等。家人以外的其他大人，他们会以和家人不同的立场来支持和帮助我们。从各种各样的大人身上去学习有用的经验，我们的世界也会更加广阔。

练习准备

· 聊一聊在你身边都有着怎样的作为守护者的大人吧。

┌─ 在学校 ─────────
班主任、医务室老师、心理咨询老师、校长、音乐老师、年级主任等。

┌─ 学校以外 ─────────
亲戚家的叔叔阿姨、邻居、上下学路上的志愿者爷爷奶奶、兴趣班的老师、运动俱乐部的教练、图书馆的管理员等。

练习 画下你的守护者——②身边的大人

① 在正中间画上自画像并写上名字。

② 在自画像周围画上身边支持和帮助你的大人的脸，写上你对他们的称呼，以及你对他们的描述。

写给大人的话 特别是到了青春期，很多孩子也会开始讨厌学校的老师等身边的大人。但我们应该告诉孩子，让孩子意识到，不管你是喜欢还是讨厌，你的身边总有一群大人在支持着你、守护着你。

41 寻找自己的守护者—— ③朋友

| 柔韧灵活的心 | 丰富的人际关系 |

朋友是虽然偶尔小打小闹，但总是会一起玩儿、一起说很多很多的话，有些对大人不能说的事情也能对他讲的人。小学时结交的朋友，有些可能会是你一辈子的知己。朋友是我们一生的宝贵财富。你的身边一定也有很多朋友吧。

"好友"和"伙伴"的概念很相似，但又有些不一样。

"好友"是指总是一起开开心心玩耍的朋友，而"伙伴"是志同道合的一个集体。同一个班级、同一个社团或同一个运动团队的朋友可以称之为"伙伴"。这当中，也有些人与你性格不合、玩不来，但只要同属一个集体就都是伙伴。不要局限于只和"好友"一起，去接触各种各样的人，你才能成长，你的人生才会变得更加精彩。

练习准备

· 聊一聊你都有怎样的朋友（好友或伙伴等）吧。

一起玩儿的朋友	可以在一起玩儿不用顾虑太多的朋友，每天都相处得很开心。
团队伙伴	棒球队或足球队等，在同一个队伍里一起练习、比赛的伙伴。
邻居家的朋友	得到邻居家哥哥姐姐的关照或照顾邻居家比你小的孩子，彼此也可以成为好朋友，与年龄无关。
竞争对手	在学习、运动或其他特长上与你不相上下或者稍稍比你厉害的人。因为不想输给竞争对手，所以这样的朋友更能给你奋斗的动力。
好友	可以说很多心里话的亲密朋友。
兄弟姐妹	亲戚家和你同龄的孩子，也能成为朋友。

练习 画下你的守护者——③朋友

① 在正中间画上自画像并写上名字。

② 在自画像周围画上身边的朋友、伙伴或者竞争对手的脸，写上你对他们的称呼，以及你对他们的描述。

写给大人的话 孩子自己画的好友图被其他孩子看见后可能会发生矛盾。因此要事先叮嘱孩子不要偷看朋友画的好友图，也不要询问或评价关于朋友画的好友图的内容。

42 寻找自己的守护者——
④所有守护着我的人

柔韧灵活的心 | 丰富的人际关系

除了家人、老师、朋友，现实生活中还有其他许许多多支持和帮助我们的人。让我们来一起制作一份所有人都登场的守护者图吧！

如果能够找到很多很多的守护者，那是再好不过的事情了。但尽管如此，我们也没有必要去和朋友比较谁的守护者更多。因为每个人的生活环境不同，对守护者的判断和定义也不同。

你画下的那些守护者，会是当下支持着你、守护着你的重要的"护身符"，让我们好好珍惜吧。

练习准备

· 聊一聊除了家人、老师、朋友以外，你还有没有其他的守护者吧。

英雄人物	运动员、历史人物、漫画或动画片里出现的人物，我们有时也能从他们身上获得能量。
已经离世的人	对已经离世的人的思念，有时也能给予我们勇气和力量。
宠物	宠物虽然不能说话，但能治愈我们的心灵。
社会人士	学校食堂打菜的阿姨、开校车的司机叔叔等，都是在你的日常生活中给予你直接帮助和支持的人。这样的人还有很多很多。

练习 画下你的守护者——④所有守护着我的人

① 在正中间画上自画像并写上名字。

② 在自画像周围画上守护者的脸，并写上他们与你的关系，以及他们为你做了什么。

③ 为这张守护者图起一个名字吧，比如"我的守护者战队""我身边的守护者们"等。

④ 最后，在下方的对话框中，让你的守护者们为你写上几句留言吧!

题目：

留言

留言

写给大人的话 让守护者们为孩子写留言是非常重要的一个环节。因为这相当于孩子自己从自己认为的守护者们那里得到了保证。另一方面，这对于父母来说也是一次很好的机会，让父母去跟孩子表达"你对于爸爸妈妈而言，是非常重要的存在"。

43 找到属于自己的梦想

现在的你，是否也在问自己："我每天究竟为了什么而活？"这说明你或许也到了找寻人生目标、追求人生梦想的时期。

有了梦想，为了实现这个梦想，你才能在遇到困难时努力去克服。有了梦想，你才能找到每日生活的意义，才会认真地去对待每一件事。

梦想也分很多种，比如，遥远未来的梦想、近期的梦想、将来想从事某种工作的梦想、有关兴趣爱好的梦想、将来想要创造一个怎样的家庭或社会的梦想等。让我们一起去寻找更多的梦想吧。

练习准备

• 你的梦想是什么？随心所欲地用画画或者写作文的方式表现出来吧！

练习 寻找各种各样的梦想

① 长大以后：想要从事怎样的工作，想要在怎样的工作岗位上帮助到其他人，想要过上怎样的生活等。想一想有哪些能够让自己和身边的人过上幸福生活的梦想吧。

    ○ "想在世界各国从事贸易交流的工作"

    × "想成为有钱人" ◁ 当你挣到钱以后想过上怎样充实的生活呢？

---

② 升学：思考一下自己想进入哪个学校（高中和大学），想学习什么专业？

    ○ "想去有医学相关专业的学校，想在那里掌握进行康复训练的技巧"

    × "根据自己的实力，应该可以上 ×× 高中" ◁ 这并不是决定志愿学校的关键因素。

---

③ 特长爱好：为自己的特长爱好制定量化的并且可以看到结果的目标。

    ○ "钢琴想要会弹至少 1 首奏鸣曲" "×× 秒内以自由泳的形式游完 50 米" "在省级棒球比赛中获胜 1 次"

    × "想努力踢好足球" ◁ 如何努力？做到何种程度才叫努力？将自己的目标具体量化吧！

---

④ 关于家庭、社会、世界的梦想：对于你所生活的这个地球、这个社会，你希望做一些什么来让大家过得更幸福呢？

    ○ "希望打造一个没有交通事故的城市。为此，想要号召增设信号灯。"

    × "希望世界和平" ◁ 这虽然是个美好的梦想，但我们还需要想一想为了实现这个梦想我们具体能做些什么？

写给大人的话 梦想没有标准答案。无论是看似多么幼稚笨拙的梦想，我们都不要予以否定，尊重孩子此刻的心情和想法吧。

44 心理弹性曲线

● 心理弹性曲线

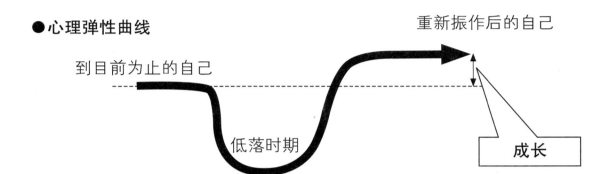

到目前为止的自己

重新振作后的自己

低落时期

成长

　　人生不可能一帆风顺，人总有遇到困难的时候。当我们遇到困难时，很多人会沮丧消沉。但神奇的是，随着时间的流逝，人们总能重新振作起来。因为人，生来就具备这种心灵之力——复原力。通过上述的心理弹性曲线可以看出，重新振作后的自己或多或少会比之前的自己进步一些，进步的这一部分就是"成长"。

　　每个人都有重新振作起来的能力。但不同的人、不同的遭遇，需要振作起来的时间也不一样。有的人遇到挫折打击第二天就能恢复如初，有的人则需要一个星期、一个月，有时甚至更长。但请相信，恢复如初的那一天一定会到来。

练习准备

· 回想一个曾经令你感到情绪低落（或此刻正让你情绪低落）的事情，将它写下来吧。

① 你现在处于心理弹性曲线上的哪一时期?

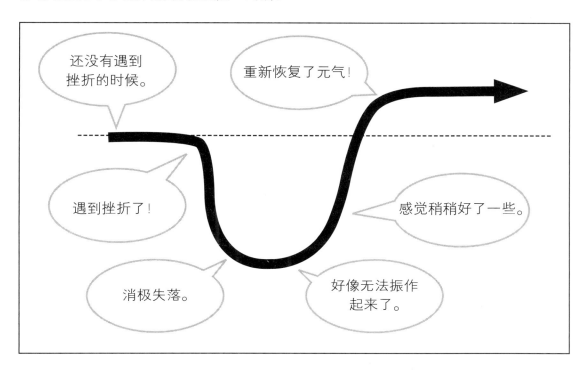

② 想一想，人在克服了困难、熬过了苦痛之后，能够获得怎样的成长呢?

写给大人的话 心理弹性曲线简单明了地描绘出了人内心恢复的一个过程。通过这张简单的图，可以让孩子从视觉上感受到人的内心恢复的可能性，让孩子获得重新出发的勇气。

45 各种各样的心理弹性曲线

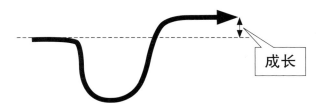

成长

就算我们遇到挫折会一时间感到气馁，但不久之后也总能重新站起来。如何重新站起来，不同的人、不同的遭遇，重新振作的方式和所需的时间也会不同。

人的情绪并不是靠我们讲道理就能理性控制的。因此，情绪会起起伏伏，但在起起伏伏中，我们有时不知不觉地就重新振作起来了。

还有一些在别人看来或许很严重的事情，但经历者本人却没有太过沮丧，这种情况也时常会有。因此，通过学习了解人的复原力，可以尽可能地减少自己的沮丧情绪。

虽然从长期来看，人是一定能走出低谷重新振作起来的，但在此之前，可能会经历绝望、自暴自弃等不良情绪的袭击。这时，让我们学会寻求他人的帮助吧，一定会有一扇门为我们打开。

练习准备

· 了解各种各样的心理弹性曲线。

① 感觉刚要振作起来却又突然消沉下去，呈波浪式反复几次，在情绪的起起伏伏中振作起来。

② 无论遭遇多么大的挫折都不会过于消沉，能够自然而然地振作起来。

③ 正处于最为消沉的低谷时期，不知何时才能振作起来。但请相信，不久的将来一定会重新振作起来。

练习 描绘自己的心理弹性曲线

① 回想自己消沉低落的经历，画一画自己从遭遇挫折到重新振作起来这一段经历的曲线吧。

② 回想当时各个阶段自己的心情，写下来。

③ 现在还处于低谷时期的人，可以画出对自己今后何时能振作起来的预想曲线。

约定 · 不要擅自偷看朋友画的心理弹性曲线哦。

[例]

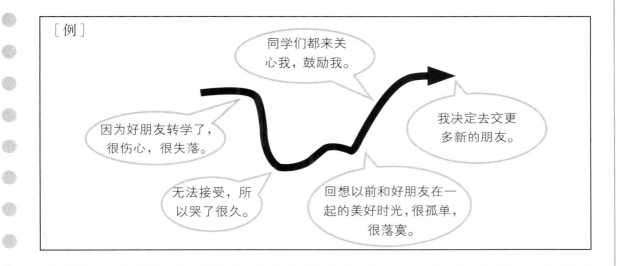

同学们都来关心我，鼓励我。

因为好朋友转学了，很伤心，很失落。

我决定去交更多新的朋友。

无法接受，所以哭了很久。

回想以前和好朋友在一起的美好时光，很孤单，很落寞。

写给大人的话 对于学校的老师而言，如果班里出现了情绪十分低落的孩子，要认真询问情况并倾听孩子的诉说，必要时联系孩子的家长，给予恰当的应对措施。

46

从大人那里学习
"如何振作起来"

不气馁的心　　**重新出发的勇气**

每个大人都一定经历过很多磨难并成功克服了它们。哪怕他们不是名人传记中所写的那些有名的人，也去听一听他们的经历吧。

通过了解这些大人的经历，你的自我复原力（重新振作起来的能力）也会得以提升。自己采访的人所说的话，自己一定记得住。这些话被储藏在你的记忆中，在你遇到困难感到痛苦的时候，这些记忆就会启动，为你的心灵带去勇气和力量。

练习 **对大人进行一次采访，问一问他们"重新振作起来的经历"吧**

① 给大人展示心理弹性曲线，并问一问他们克服困难、从挫折中重新站起来的详细经历吧！

② 参考下一页采访表中的内容，对大人进行提问。

③ 说出自己痛苦的过去也是一件不容易的事情。所以带着对告诉你这些经历的大人的感谢和敬意，说出你自己的感想吧。可以具体地说一说自己印象最深刻的部分。

④ 写一个以你的采访对象为主人公的故事吧。

> 请讲述一次您曾经从挫折中重新振作起来的经历吧！

采访表

① 经历了怎样的事情？

_____

_____

_____

_____

② 问题回答（要点笔记）。

问　　题	回　　答
遇到挫折（打击）的时候是怎样的心情？	
是如何重新振作起来的？	
有找谁商量咨询吗？	
当时有支持您的人吗？	
通过那次经历，您学到了什么，有何收获呢？	
从那次经历来看，您有没有什么想告诉我的？	

写给大人的话 对于孩子们来说，询问家人等他们自己身边的大人"重新振作起来的经历"的机会其实并不多。通过这次采访活动，也能提升孩子对这位大人的尊敬度与彼此间的亲密度。

47 从故事中学习自我复原力

不气馁的心 重新出发的勇气

我也要拿出勇气来！

　　在很多我们阅读的童话、小说等书籍中都描写了主人公经历苦难、成功克服并得以成长的故事。这些主人公在痛苦和悲伤中找寻"希望"，深深地打动了我们。这些故事可以说正是关于复原力的故事。

　　一边回忆心理弹性曲线一边追寻主人公成长的脚步，也是品鉴故事的一个方法。我们也能从中学到很多东西。

练习准备

• 一边回忆心理弹性曲线一边阅读《小黑鱼》。

《小黑鱼》
李欧·李奥尼　著
故事前情：大海的一个角落里住着一群小鱼，大家都是红色的，只有一条是黑色的。有一天，一条凶猛的金枪鱼吃掉了所有的小红鱼，只有小黑鱼逃走了……

练习 想一想"小黑鱼"是如何重新振作起来的呢

① 小鱼们遭遇的重大挫折是什么？

_____

_____

② 小黑鱼遭受了怎样的痛苦？

_____

_____

③ 小黑鱼如何重新振作了起来？

_____

_____

④ 小黑鱼的厉害之处在哪里？

_____

_____

⑤ 小黑鱼的守护者（支持者）都有谁？

_____

_____

写给大人的话

• 能够学到自我复原力的书籍、电影推荐

《我永远爱你》汉斯·威廉　著

《安妮的绿色小屋》露西·莫德·蒙哥马利　著

《龙猫》宫崎骏导演电影

《千与千寻》宫崎骏导演电影

48 将自己克服困难的经历写成作文

不气馁的心　　重新出发的勇气

小美，对不起！

我们好好相处吧！

　　人的一生总在不停地克服各种困难。这些"克服困难"的经历不断积累，让我们逐渐拥有了生存的智慧，内心变得更加强大。我们也因此变得自信——即使遇到困难，我们也总能渡过难关。

　　你肯定也有过"克服困难"的经历吧。想一想到目前为止的经历，将它们写成作文吧。

练习准备

· 回想自己克服困难的经历，将事情的经过写成一篇作文。

练习 将克服困难的经历写成作文

· 整理一份要点笔记，最后将其撰写成一篇文章。

约定 · 写作时不要泛泛而谈，如"很悲伤""很痛苦"，要根据你所整理的要点，具体详细地描写出来。

要点笔记

① 发生了什么事情？按照时间顺序详细描写。
●何时 / 何地 / 谁 / 怎么样了等

_____

_____

② 你是如何沮丧消沉的？把你当时的状态写下来。
●苦恼 / 受伤 / 兴奋 / 愤怒 / 流泪 / 失眠等

_____

_____

③ 你是如何克服困难的？将其具体写下来。
●发生的某件事情成了解决问题的关键 / 得到了某人的帮助 / 通过自己的努力等

_____

_____

④ 之后自己发生了怎样的变化，收获了怎样的成长？总结一下，写下来。
●思考方式 / 生活态度 / 人际交往方式等

_____

_____

写给大人的话 孩子所写的每一篇作文都会是培养复原力最好的教材。在获得本人允许的前提下，可以将其分享给其他孩子阅读。

49 写一首悲诗

将心中的愤怒、不甘以文章的形式写出来，心情也许会轻松许多。如果是不打算给其他人看的文章，甚至可以表达自己的憎恨和厌恶。把内心的悲痛都写出来，情绪或许能得以缓和。

难过……

但写成作文，在一定程度上既要遵循语法要求又要遵照作文的基本格式，还要写得能让人看懂。若写绝句、律诗，又要严格遵守每首四句或八句，每句五言或七言的字数要求。

写现代诗就没有这么多条条框框的限制了。自己想换行就换行，甚至连标点符号都可以很随意，同一句话重复说几遍也没有关系。

诗是心灵的呐喊。写诗可以将自己心中所想原封不动地表达出来。在诗里，我们可以时而发泄怒火，时而分享甜蜜，时而表达爱意，时而站在绝望的深渊呼喊。在这里，一切皆有可能。

练习准备

· 读一读小浩同学写的这首小诗吧。

> 永远不会忘记波奇
> 　　　　　　小浩
> 波奇，你离开了，
> 留下了你的玩具，你的盆，
> 还有我们无尽的思念。
>
> 每个角落都有你的影子，
> 每一声叹息，都是对你的怀念。
> 你的离开，像一片云，
> 遮住了我们家的太阳。
> 我们学会了怀念，
> 但永远学不会忘记。

• 将你到目前为止经历过的悲伤的、沮丧的事情写成一首小诗吧。可以的话，尽量不要使用"失望""悲伤""难过"这类直接表达情感的词。因为这些词太过抽象，一个"悲伤"就能概括各种各样的情绪。将令你感到悲伤的事情，以及那时你所采取的应对措施，具体地写下来。这样，你才能更好地回顾并整理自己的心情。

约定
• 完成后的诗可以展示给他人看，也可以在大家面前朗读。
• 也可以写一首不打算给别人看、专属于自己的诗。
• 如果诗中涉及了对某人的负面评价，则一定不要给其他人看。
• 未经他人同意，不得擅自偷看他人写的诗。

写给大人的话 太过深刻的悲伤，有时无法用语言来表达。对于这样的事情，我们没有必要让孩子强行写成诗。我们要告诉孩子，这样的经历要好好藏在心中，将那些能写出来的事情写成诗就好。

50 学习"四棵树"的生存方法

不气馁的心　｜　心之力量与生存方法

《四棵树》

很久很久以前，在一个山丘上，有一棵高耸的大树。
她有三个孩子，分别名叫"一树""二树"和"小树"。

一天夜里，狂风骤雨袭来。天亮时，大树妈妈整根树干都被吹断了。
三个孩子看着眼前的妈妈，开始思考：如何才能在狂风中生存下来呢？

一树努力将根扎得更深，汲取更多的养分让树干变得更加强壮结实。
无论遇到多么强烈的风吹雨打，一树都毫不惧怕。

二树则努力长出许多柔软的枝条和细长的树叶。
面对狂风，二树的树枝虽然被吹得左右摇摆，
但狂风过后，它的枝叶又会恢复原来的样子。

小树则拜托他的小鸟朋友，去找来很多其他树木的种子撒在它身边。
当种子发芽后，这里长出了许许多多不同的树，成为了一片茂密的森林。

暴风雨再次袭来。但这次，一群树木互相倚靠，共同抵抗狂风，没有一棵
树被吹断。

那最初那个被狂风吹断树干的大树妈妈呢？
折断的枝叶落入土中，化为了泥土，滋养了小树。
再看一看那残存的树桩……
啊！一棵嫩嫩的新芽冒了出来。
虽然细小，但充满生机。一棵新的大树将由此诞生。

练习准备

· 阅读《四棵树》的故事，想一想自己更喜欢哪棵树的生存方法呢？

练习 分成四个小组，讲述自己为何喜欢这一生存方法

① 写出自己最喜欢哪棵树，并结合自己的亲身经历，具体说明喜欢的理由。

喜欢的树的名字	理由

② 分成四个小组，讲述你喜欢这棵树的理由。

大树

一树

二树

小树

③ 认真倾听朋友们的发言，写出自己的感想。

写给大人的话 不要只谈论抽象的观念，让孩子结合自己在学习及体育运动中的经历来谈喜欢的理由，会更有深度与意义。

51 这种情况该怎么办——
①亲近的长辈去世时

| 不气馁的心 | 学会告别 |

你是否有过家人、亲密的朋友、心爱的宠物去世的经历？天人永隔的分离或许是世界上最让人痛苦的事情。但只要我们还活着，总有一天，我们会接受这场离别，将悲伤化为动力。

如果是自己身边真实的人，我们想象他们的离去或许会太过悲伤。但如果虚拟出一个人物来经历这些，我们作为旁观者去看待他的经历，或许就能冷静地去思考。我们总会面对生老病死，关于生命与离别，关于这份悲伤，你是如何看待的呢？用自己的话将心中所想讲出来吧。

练习准备

• 假设小俊同学是你的好朋友，读一读他写的这篇文章吧。

爷爷去世了

小俊

爷爷去世了，我的温柔的、慈祥的爷爷。

每当我放学回家后，爷爷都会对我说："你回来啦，今天在学校怎么样？"

每当我给爷爷捶背时，爷爷都会高兴地说："我们家小俊捶背最舒服了。"

1个月前，爷爷因为心脏不好住院了。

我去医院看望他的时候，他明明还跟我约定："爷爷一定会好起来的，会长命百岁的。"

但三天前的夜里，爷爷病情突然恶化……他就这样走了。

连再见都没能来得及说。

葬礼时，来了许许多多的人。

我哭了很久很久，家人们都来安慰我。

爷爷，你真的不回来了吗？

人为什么会死去呢？

爷爷，你现在去哪儿了呢？

请你对朋友给出建议——①关于死亡与离别的悲伤

① 如果让你对小俊说一番话，你会说些什么呢？（请在阅读②之前写下来）

_____

_____

② 读一读小美同学和花花老师写给小俊的建议吧。

• 小美同学的建议

> 我在 3 年前也经历了曾祖母的去世。我曾经每天放学回家最期待的，就是一进家门立马去曾祖母的房间吃零食。曾祖母特别疼我，所以她离开时，我哭了好久好久。
>
> 葬礼结束后的第二天，我从学校回来，下意识地又去了曾祖母的房间。房间里空荡荡的，我才意识到，原来一个人死亡离去是这样一回事啊。那个曾一直陪在自己身边的人，如今再想和她说说话、和她吵吵架，都已经不可能了……比起葬礼的时候，认识到这一切时的我更觉得孤单、难过。
>
> 但随着日子一天天过去，我逐渐习惯了这份孤单。现在，我仍然时常想起和曾祖母在一起的美好时光。

• 花花老师的建议

> 非常疼爱自己的爷爷离自己而去，你一定很难过吧。这份难过与悲伤或许至今仍萦绕在心头，但不久后一定会慢慢消散。而这并不意味着你忘记了爷爷，而是你的内心变得更深沉、更宽广了。如果现在的你，无论如何也不能释怀，请一定告诉家人或老师，去请求他们的帮助。
>
> 当心里稍稍好受一些后，可以试着将爷爷去世的事情写成作文。和爷爷一起生活时的快乐回忆、爷爷在医院时的样子、听到爷爷去世的消息时的心情、爷爷去世后看到爷爷的最后一眼、葬礼上的情形……。把你能回想起来的事情按照时间顺序写下来。不用着急，等到你恢复精神和体力后再写也可以。写作可以让自己正视自己悲伤的情绪，然后才能更好地整理自己的心情。这也是对爷爷最好的报答。

③ 读完小美同学和花花老师的建议后你有什么感想呢？将其写下来吧。

_____

_____

写给大人的话 身边亲近的人去世、离开是我们每个人都无法避免的事情。在进行假想练习时，如果用身边真实的人去假想他的离世可能会过于悲伤，导致我们无法理性思考。因此可以虚拟出一个朋友来经历这些，从看待朋友经历的角度去想，或许就能冷静地思考。对于"死亡的离别"，站在给朋友建议的角度，把你的想法用语言表达出来吧。在这次练习中或练习结束后，如果有孩子说出了自己的亲身经历，我们要认真倾听，好好地守护孩子的这份感情。

52

这种情况该怎么办——②发生可怕的地震时

不气馁的心 | 对灾害的害怕与不安

　　近些年，全世界大地震、海啸多发，暴雨灾害、火灾等各种各样的灾害更是时有发生。任何人都不希望自己被卷入这些灾害当中。

　　但我们永远不知道灾祸什么时候就会发生。我们有必要去想一想，在我们的日常生活中，应该对未知的灾害做好怎样的心理准备呢？

练习准备

· 假设小健同学是你的好朋友，读一读他写的这篇文章吧。

我所担心的事情

小健

　　我从小就特别害怕地震。

　　在电视上看到东日本大地震发生后的景象，我都不敢想那是现实生活中真实发生的事情。海啸卷起的漆黑的海水，不断淹没农田和城市。房屋就像玩具似的被水冲走。人们不停地哭喊，爬上屋顶求救。然后海水终于浸没了福岛核电站，核辐射物质泄漏了出来……

　　学校组织紧急避难训练时，说起今后可能还会发生这样的大地震。

　　在那之后，我时常梦到自己的家被海啸冲走的场景。

　　我不希望自己的家被破坏。可一旦发生海啸，房子就会被冲毁，家人、朋友都有可能遭遇生命危险。我一想到这里，就担心害怕得不行。

请你对朋友给出建议——②对于灾害的害怕与不安

① 如果让你对小健说一番话，你会说些什么呢？（请在阅读②之前写下来）

_____

_____

② 读一读小佑同学和美美老师写给小俊的建议吧。

· 小佑同学的建议

> 我在电视上看到了《釜石的奇迹》这一纪录片。
>
> 东日本大地震后，日本岩手县釜石市也遭受了巨大的破坏。地震发生后，釜石市的中小学生们根据自己的判断，为了躲避海啸迅速转移到了高台上，并大声喊着："海啸要来啦！海啸要来啦！"以此来提醒街上的路人。他们有的推着婴儿车，有的手牵着老人前往紧急避难区域。据说还有孩子赶紧跑回了家，告诉奶奶"海啸要来了"，说服奶奶跟着他去避难。因为这些孩子的举动，避免了许许多多的人因为海啸而丧生。我看到这里，突然意识到，我们作为孩子也有能力守护他人的生命。
>
> 等我再长大一些，我想去做志愿者，去帮助那些因为受灾而生活困难的人。大地震虽然可怕，但越是这样的时候，越是需要我们大家齐心协力，共渡难关。

· 美美老师的建议

> 因为地震是自然灾害，目前凭借我们人类的力量，还无法阻止它的到来。
>
> 但我们可以尽量减小受灾程度和损失。平时学校里进行的一些紧急避难演练就是为了达到这一目的。在家里，我们可以做到固定家具、常备紧急防灾用品等。建筑公司在建造新的建筑物时，可以加强耐震等级。对很多旧建筑也可以重新进行修缮和加固。面对灾害，我们不要只是一味地恐惧、害怕，我们要主动去了解各类灾害，并且在日常生活中做好一切我们能做的准备。

③ 读完小佑同学和美美老师的建议后你有什么感想呢？将其写下来吧。

_____

_____

_____

写给大人的话 紧急避难训练等防灾教育，可以尝试以"生命的宝贵""齐心协力的重要性""不放弃不抛弃，共筑未来"等为主题来开展。这些都是提升孩子复原力的绝佳机会。

53

这种情况该怎么办——
③不想穿裙子时

不气馁的心 | 关于性别的烦恼

我真的不喜欢穿裙子！

咦，你明明是女孩子，怎么能不喜欢穿裙子呢？

　　每个人都有着自己独一无二的长相和性格。每个人喜欢的东西和讨厌的东西肯定也不一样。从来没有人规定女孩子就应该喜欢什么，男孩子又应该喜欢什么。

　　但"男女有别"这一传统思想在目前来看依然存在，所以有时我们可能会面临被说"咦，你明明是女孩子怎么……""咦，你明明是男孩子怎么……"这样的话。

练习准备

· 假设小惠同学是你的好朋友，读一读她写的这篇文章吧。

我的烦恼

小惠

　　我讨厌穿裙子。

　　我虽然是女孩子，但我很喜欢和男孩子一起踢足球、玩躲避球等。穿裙子活动起来很不方便，所以我一点儿也不喜欢穿裙子，平时基本上只穿裤子。

　　有一次班里举行活动，老师要求女生必须穿裙子，我犹豫再三，最后还是穿了运动裤去学校，结果被老师批评了。

　　因为我实在是不喜欢穿裙子，跟班里的好朋友说起这件事情的时候，大家也都不太理解，所以我感到有些难过。

① 如果让你对小惠说一番话，你会说些什么呢？（请在阅读②之前写下来）

_____

_____

② 读一读俊彦同学和小匡老师写给小惠的建议吧。

· 俊彦同学的建议

> 我虽然是男孩子，但也经常被说："你怎么跟个女孩子一样。"或许是因为我头发比较长，说话时声音比较尖；又或许是因为我常常跟女孩子在一块玩儿。但这并不意味着我就想穿裙子。
>
> 我没有穿过裙子，不知道到底有多么不方便，所以我也不是很了解你不想穿裙子的心情。但我认为，每个人都有自己的喜好，按照自己的喜好来有什么不可以的呢？我有个叔叔，每次见到我都会对我说："你把头发剪一剪吧。"我每次听到都很反感。但也会笑着开玩笑似的回击他："您倒是把您的胡子刮一刮啊。"因为他的胡子和他本人看起来实在是太不搭了，但这也是他自己的喜好呀。
>
> 所以，做你自己想做的事就好，不用太在意别人的看法。

· 小匡老师的建议

> 男生和女生到底有哪些区别呢？身体？性格？喜好？男生肌肉比较发达，性格比较豪放？女生身材比较圆润，性格比较温柔？但并不是所有的男生和女生都满足这些性别特征呀。就像有很多女孩子和你一样，都不喜欢穿裙子。
>
> 没有哪些性格特征和爱好就一定是男孩子的，也没有哪些就一定是女孩子的。每个人都是独立的个体，都有自己独特的个性。抛开那些固有的观念，做到尊重自己，尊重他人就可以了。

③ 读完俊彦同学和小匡老师的建议后你有什么感想呢？将其写下来吧。

_____

_____

_____

写给大人的话 像小惠的情况，这里并没有突出强调"性别认同"的问题，而只是简单解释了个人喜好的问题。本节的重点，不仅限于性别认同障碍，更在于帮助孩子学会灵活地应对性别问题上的烦恼。

54

这种情况该怎么办——
④监护人失责时

不气馁的心 | 家庭生活中的困难

家是最能令我们感到安心的地方，家人是最为珍贵的存在。但有些时候也会因为各种各样的事情让我们和家人的关系不那么融洽。

家长虽然有义务好好抚养孩子，但有些时候却做得不够好。因为家长也是人，也有软弱的一面和情绪不好的时候。

比如未能给孩子提供日常的一日三餐，未能保护孩子的人身安全，等等，这就属于没有履行监护人的职责，在法律上是要受到惩罚的。

发生监护人失责虽然是大人的问题，但我们自己仍然有必要知道应该如何去保护自己。

练习准备

• 假设小光同学是你的好朋友，读一读他写的这篇文章吧。

我的烦恼

小光

父母离婚后，妈妈离开了家。但自那以后，爸爸并没有好好照顾我的生活。

我在家从来没有早餐可以吃，于是中午在学校吃很多很多，晚上回家了就只能吃些零食或者饿着肚子。

去年开始和爸爸一起生活。刚开始的时候爸爸还给我做饭。但有时，他会很晚才回来，所以我就一边吃零食一边等爸爸回家。很多时候等着等着，不知不觉我就睡着了。后来，爸爸开始每天都回来得很晚。零食吃完的时候我就只能饿着肚子。

因为家里乱七八糟的，有时候上学要带去的东西也找不到。还有一次睡过头了，班主任老师到家里来接我。

奶奶偶尔会来家里，帮我们收拾房间，给我做饭吃。但奶奶的家离我们很远很远，没办法经常来。

我虽然不讨厌爸爸，但爸爸确实没有怎么照顾我。

① 如果让你对小光说一番话，你会说些什么呢？（请在阅读②之前写下来）

_____

_____

② 读一读小康同学和小魏老师写给小光的建议吧。

· 小康同学的建议

> 我之前也是和妈妈两个人一起住。妈妈因为工作忙经常回家很晚，没饭吃的日子持续了很久。学校老师有些担心我，询问了我很多家里的情况，可我觉得很难为情，没能跟老师说实话，糊弄了过去。
>
> 学校老师了解实情后找我的妈妈谈了很久。之后，我和外婆住在了一起。虽然外婆喜欢唠唠叨叨，做饭也很清淡，但总归是自己的家，能够让自己感到放松。
>
> 我经历了转学、搬家等，心里觉得很累，但如果总是抱怨，也不能解决问题。所以我总是去想办法找寻生活中的哪怕一点点的小快乐，这样才能开心地生活。

· 小魏老师的建议

> 家庭如果经营得好，会是一个很幸福的地方。但如果出现一些问题，就会变得不那么幸福。
>
> 你的家庭，因为父母离婚等原因，导致没有人好好照顾你。我很担心，你的心理和身体的健康状况都还好吗？
>
> 虽然奶奶会偶尔过来照顾你，但我认为还是有必要寻求其他大人的援助。去跟学校老师说一说自己的情况，老师会去和你的家人仔细商量，看看能够给予你怎样的帮助。
>
> 对于你正在经受的困难，一点儿也不必感到难为情。当你觉得痛苦、需要帮助的时候，堂堂正正地去寻求帮助吧。

③ 读完小康同学和小魏老师的建议后你有什么感想呢？将其写下来吧。

_____

_____

_____

写给大人的话 像本节案例中提到的小光的情况，属于"怠慢抚养"。当老师发现学校里有经历类似的孩子时，要及时向省市教育部门、社会保障部门等相关单位进行反映，及时介入、解决孩子的生活问题。

55 这种情况该怎么办——⑤被同学们孤立时

不气馁的心　　应对校园霸凌

校园霸凌（欺凌）是绝不能被允许的。这种事情一旦发生在自己身上，一定要立刻采取行动保护自己。在霸凌一步步加深，伤害到我们的身心之前，我们要使用行之有效的应对方法。

练习准备

• 一边想着"如果是自己的话……"，一边去读一读小葵写的这篇文章吧。

我的烦恼

小葵

今早一进教室，我就感到班上的氛围怪怪的。对美嘉同学说了一声"早上好！"她没有回应我。其他同学也都低着头假装没看到我，快速走开了。我走到关系最好的小美同学跟前，说了一句"早上好"，她也只是小声地应了一句"早上好"，然后就再也没有跟我说过话了。

今天一整天直到放学，没有一个女同学跟我说话，我主动跟班上的男同学说话，他们也只是极为简短地回了我一句，就不再跟我多说话了。

这到底是为什么呢？是因为昨天我跟小悠同学吵架了吗……

我难过极了……

练习 **请你对朋友给出建议——⑤保护自己免受欺凌**

① 如果让你对小葵说一番话，你会说些什么呢？（请在阅读②之前写下来）

_____

_____

② 读一读小直同学和小郑老师写给小葵的建议吧。

· 小直同学的建议

> 　　我在念小学时，也有过类似的经历。首先，班上会有同学来告诉我"接下来不要再理会××同学了"，如果不照做的话，我也会被孤立。虽然觉得××同学有些可怜，但害怕自己被卷入这场纷争，也被孤立，于是只能配合大家。
>
> 　　被孤立的同学不停地在更换。我曾经认为班上人缘最好的那位同学也被孤立过。这样的班级氛围真是糟糕透了。
>
> 　　后来，这件事情被老师知道了，老师在班上和大家讲起这件事。虽然班级氛围并没有一下子就变得很好，但大家认真思考、反复讨论过几次后，霸凌现象就逐渐消失了。直到现在我都觉得，那时候，我们可以学会彼此之间互相体谅。要是当时班上能再早一些讨论这件事情，就更好了。
>
> 　　小葵也一定要趁早跟家长和老师说明这件事，在霸凌变得更加厉害之前让这件事得到解决。

· 小郑老师的建议

> 　　有霸凌现象的班级，总会不停地有被霸凌的对象。今天是她，明天有可能就是你。
>
> 　　消除霸凌现象，需要大人们的努力。如果班主任老师没能很好地应对，那么就要跟家里人说，去跟学校反映，让全校师生来一起解决这件事情。学校老师有责任和义务为你们营造一个能够安心学习的环境。
>
> 　　被欺负完全不是什么丢人的事情。真正应该感到羞愧的是那些做出卑劣事情的人。我知道，如果你去跟老师反映，会担心同学们说你"爱打小报告"，但如果你一直忍着不说，霸凌就会一直继续。因此，请光明正大地去跟老师说："请您解决班上的霸凌问题！"如果感到无法再忍受或是感到在班上有危险，可以暂时性地休学。保护自己不受伤害，永远是最为重要的事情。

③ 读完小直同学和小郑老师的建议后你有什么感想呢？将其写下来吧。

_____

_____

写给大人的话 作为守护生命安全的暂时性的应对策略之一，可以选择休学或避免成为被欺凌的目标。这种情况下，逃避并不可耻。大人们必须积极介入霸凌事件，尽力尽快解决这一问题。

113

56 我们为什么而活

活着好累啊——任何人任何时候有这种想法都不足为奇。读一读下面这则《寄居蟹的故事》，和寄居蟹一起思考吧。故事会在发展中途戛然而止，后面的故事需要你来续写。

活着，究竟是为了什么？

练习准备

• 阅读下面这则《寄居蟹的故事》，和寄居蟹一起来思考，我们究竟为了什么而活着呢？

寄居蟹的故事

每一天都很辛苦。

走路，很辛苦。

活着，很辛苦。

我到底为什么活着呢？

小时候明明那样快乐。

螺壳曾经那样宽敞又舒适，

现在怎么变得既拥挤又沉重了呢？

寄居蟹去问龟足，

"你为了什么而活着？"

龟足回答道：

"答案在天空。"

寄居蟹抬头望向天空，

天空很蓝很美，但并没有告诉寄居蟹答案。

尽管如此，寄居蟹还是躺在海滩上，一直看着天空。

乌云聚集，天空下起雨来。

突然刮起狂风，暴风雨来了。

尽管如此，寄居蟹还是纹丝不动地看着天空。

暴风雨渐渐停息下来，天空开始变得红彤彤的。

夜幕降临，启明星在西边的天空中一闪一闪。

仿佛是收到了信号一样，星星们一颗一颗都醒了过来。

不久，漆黑的夜空中闪烁起数不清的星星。

"天上的每一颗星星，都是一颗小太阳呀。"

龟足也抬起头和寄居蟹一起望着夜空。

"欸？"

寄居蟹好像突然明白了什么。

但心中的想法，还没等汇集成语言，早已融在了夜空里。

星星洒下无数缕光，照在寄居蟹身上。

寄居蟹哭了，眼泪落在了沙滩上。

第二天，寄居蟹去问弧边招潮蟹，

"你为了什么而活着？"

弧边招潮蟹回答道：

"答案在深海里。"

于是，寄居蟹潜入了海里。

续写《寄居蟹的故事》 ✏

① 你是否有过"活着好痛苦""生活好辛苦"的想法?

② 寄居蟹为什么"欷?"了一声?

③ 望着天空的寄居蟹突然明白了什么? 寄居蟹没能说出来的话, 你帮它写下来吧。

④ 寄居蟹在深海里又看到了什么，经历了什么？现在，请你来写一写关于"我为什么而活着"，直到寄居蟹找到答案为止，写下它所经历的故事吧。

寄居蟹的故事（后续）

作

于是，寄居蟹潜入了海里。

（如果本页不够，可另附纸继续书写。）

后　记

三年前，生病使我不得不暂停我的教师工作，我的生活因此发生了剧变。从忙碌的年级主任，到一名第一次面对住院和化疗的病人，我的日常从未如此与健康问题紧密相连。尽管这听起来可能让人感到沮丧，但我却意外地感到了从工作压力中释放出来的轻松。这不是因为我格外坚强，而是因为我对复原力有所了解，这帮助我调整了对未来可能面临的各种情况的预期。

我意识到"我可能会因病感到沮丧，但我会逐渐适应"。我也明白，即使恢复的程度可能不如从前，但终有一天我会重新找回健康。面对困难时，我选择寻求他人的帮助，与朋友分享我的处境，他们通过短信鼓励我，有些甚至来医院探望我。我也学会了信任医疗团队，将自己的健康交托给他们。

此外，我也努力保持每天心情愉悦。我更注重寻找解决方法而非沉溺于苦恼之中——观看喜剧节目，与病房中的其他病友开玩笑，只要体力允许，我还会外出活动。得益于最新医疗技术的帮助，经过治疗后我最终出院，并在两年半后重返教师岗位，成为四年级某班的班主任。在我生日那天，班上的学生们给我准备了一个惊喜生日会。当我读着孩子们写给我的信时，我感到自己是世界上最幸福的 60 岁班主任。

本书中包含了许多练习，旨在帮助我们保持积极向前的心态。没有必要因为感到不安或不擅长社交而自责。人的性格天生多样，正是这种多样性让我们的社会更加温暖。即便是带着悲伤、不安和压力，我们也应当勇敢地生活下去，珍惜和爱护真实的自己，并与家人和朋友一起迎接幸福。

最后，我要感谢"儿童复原力研究会"的所有成员、为本书插图增色不少的高田和也先生，以及将教学讲义精心制作成书的出版团队。是他们的共同努力让这本书得以呈现。

上岛博